Das NLP Mindset

Entfessle Dein Potential mit der Kraft des neurolinguistischen Programmierens

Das NLP Mindset

Michael Harms

Bibliografische Information der Deutschen Nationalbibliothek: Die Deutsche Nationalbibliothek verzeichnet diese Publikation in der Deutschen Nationalbibliografie; detaillierte bibliografische Daten sind im Internet über http://dnb.dnb.de abrufbar.

Das NLP Mindset - Entfessle Dein Potential mit der Kraft des neurolinguistischen Programmierens

Inhaltsangabe

VORWORT

Liebe Leserin, lieber Leser,

bevor Sie sich auf die faszinierende Reise in die Welt des Neurolinguistischen Programmierens, kurz NLP, begeben, möchte ich die Gelegenheit nutzen, Ihnen einen ersten Einblick zu gewähren. Stellen Sie sich dieses Buch als eine Art Landkarte vor, die Sie durch unerforschtes Territorium führt – ein Territorium, das so einzigartig und individuell ist wie Sie selbst: Ihren Geist.

Seit seiner Entstehung in den 1970er Jahren hat NLP viele Menschen mit seinen effektiven und zugleich einfach anwendbaren Techniken fasziniert. Ursprünglich von Richard Bandler und John Grinder als Modell zur Verbesserung der Kommunikation und zum Erreichen von Zielen entwickelt, hat sich NLP zu einem umfassenden Werkzeugkasten entwickelt, der nicht nur in Therapie und Coaching, sondern auch in der Pädagogik, im Management und in vielen anderen Lebensbereichen erfolgreich eingesetzt wird.

Mit diesem Buch erhalten Sie einen einfachen und zugleich tiefgründigen Zugang zu diesem mächtigen Instrumentarium. Sie werden eingeführt in die grundlegenden Prinzipien und Wirkungsweisen des NLP, welche dazu dienen, unsere Wahrnehmung der Welt und unsere Kommunikation mit anderen, aber vor allem mit uns selbst zu verbessern. Denn NLP ist mehr als eine Sammlung von Techniken. Es ist eine Einstellung, eine Art, die Welt zu betrachten, die uns dabei hilft, das Potenzial unseres Geistes voll auszuschöpfen.

Es ist eine Brücke zwischen unserem Bewusstsein und unserem Unterbewusstsein, zwischen unseren Gedanken und unseren Emotionen, zwischen unseren Zielen und unseren Handlungen.

Meine Hoffnung ist es, dass dieses Buch in Ihnen die Begeisterung für NLP weckt. Es soll mehr sein als nur ein Leitfaden oder eine Anleitung. Es soll Sie dazu inspirieren, Neues auszuprobieren, Ihre Grenzen zu erweitern und vielleicht sogar Ihre Sicht auf die Welt und auf sich selbst zu verändern. Denn das ist es, was NLP letztendlich ermöglicht: Es eröffnet uns die Möglichkeit, die Autoren unseres eigenen Lebensscripts zu werden.

Ich lade Sie ein, sich auf dieses Abenteuer einzulassen, und wünsche Ihnen dabei viel Freude und Erfolg. Mögen Sie entdecken, dass das Leben, das Sie sich wünschen, bereits in Ihnen steckt und nur darauf wartet, von Ihnen gelebt zu werden.

In diesem Sinne: Lassen Sie uns die Reise beginnen.

Mit besten Wünschen

Michael Harms

GRUNDLEGENDES ZU NLP?

Neurolinguistisches Programmieren, kurz NLP, kann man sich am besten als eine Art mentalen Werkzeugkasten vorstellen. Dieser Werkzeugkasten beinhaltet eine Vielzahl von Techniken, Methoden und Denkansätzen, die darauf abzielen, effektive und zielorientierte Kommunikation sowohl mit uns selbst als auch mit anderen zu ermöglichen.

Zunächst einmal setzt NLP auf einer tiefen Verständnisebene an und befasst sich intensiv mit der Frage, wie wir Menschen unsere Wahrnehmung der Welt gestalten. Es untersucht, wie unsere Gehirnprozesse, unsere Sprache und unsere Verhaltensmuster miteinander verflochten sind und sich gegenseitig beeinflussen.

Neurolinguistisches Programmieren fokussiert sich darauf, wie wir unsere persönlichen Realitäten konstruieren und wie wir unsere Wahrnehmungen, Glaubenssätze und Verhaltensweisen formen und verändern können, um effektiver und zufriedener durchs Leben zu gehen. Mit NLP erlernen wir die Fähigkeit, diese Prozesse bewusst zu steuern und gezielt zu nutzen, um positive Veränderungen in unserem Leben herbeizuführen.

NLP ist nicht nur eine Methode zur Verbesserung der Kommunikation mit anderen, sondern auch eine Technik zur Selbstreflexion und Selbstentwicklung. Es hilft uns, besser zu verstehen, was uns motiviert, was uns hemmt, wie wir Entscheidungen treffen und wie wir unsere Ziele erreichen können.

Es erlaubt uns, tief verwurzelte Denkmuster zu erkennen und gegebenenfalls zu ändern, und es gibt uns Werkzeuge an die Hand, um unsere emotionalen Zustände zu managen und positiv zu beeinflussen. Darüber hinaus hat NLP sich als effektives Instrument in vielen Berufsfeldern etabliert, insbesondere in solchen, die auf Kommunikation und Veränderung angewiesen sind.

Ob in der Therapie, im Coaching, in der Führung oder im Vertrieb - überall dort, wo Menschen auf Menschen treffen, hat NLP seine Berechtigung und seinen Nutzen bewiesen.

Zusammenfassend lässt sich sagen, dass NLP uns hilft, unser persönliches und berufliches Potenzial voll auszuschöpfen. Es ist ein umfangreicher und vielseitiger Werkzeugkasten, der uns dabei unterstützt, unser Leben bewusster, erfüllter und erfolgreicher zu gestalten.

DIE GESCHICHTE DES NLP

Das Konzept des Neurolinguistischen Programmierens, oft abgekürzt als NLP, wurde in den 1970er Jahren durch die interdisziplinäre Zusammenarbeit von Richard Bandler, einem Wissenschaftler mit Expertise in Psychologie und Informationstechnologie, John Grinder, einem renommierten Linguisten, und Frank Pucelik, einem Psychologen, konzipiert. Ihre grundlegende Forschungshypothese zielte darauf ab, die differenziellen Faktoren zu identifizieren, die eine Person mit herausragenden Leistungen in ihrem Fachbereich von einer Person, die lediglich als kompetent angesehen wird, unterscheiden.

Zur Untersuchung dieser Hypothese entschieden sie sich, die therapeutischen Praktiken von drei hoch angesehenen Psychotherapeuten zu analysieren. Sie wählten Fritz Perls, den Initiator der Gestalttherapie, Virginia Satir, die Pionierin der Familientherapie, und Milton H. Erickson, einen Psychiater, der als wesentlicher Beitragender zur Entwicklung der modernen Hypnotherapie gilt. Durch die eingehende Analyse ihrer verbalen und nonverbalen Kommunikation sowie der mentalen Prozesse, die ihren therapeutischen Interventionen zugrunde lagen, entwickelten Bandler, Grinder und Pucelik das sogenannte Meta-Modell der Sprache. Es ist wichtig zu betonen, dass die Entstehung des NLP nicht in einem Vakuum stattfand, sondern durch eine synergetische Verbindung mit einer Vielzahl von Disziplinen und theoretischen Ansätzen geprägt wurde.

Neben der Einflussnahme aus den Bereichen Psychologie und Psychotherapie wurden die Grundlagen des NLP maßgeblich durch Erkenntnisse aus den Bereichen Mathematik und Informatik, Linguistik und Neurowissenschaften geformt.

Zu den bedeutendsten Einflüssen zählen die Arbeiten von Gregory Bateson, Alfred Korzybski, Noam Chomsky, Hans Vaihinger, Edward T. Hall, William Ross Ashby und Michael Gazzaniga.

Das NLP hat seine kontinuierliche Weiterentwicklung und Expansion nicht nur seinen Gründern zu verdanken. Eine Reihe von Wissenschaftlern und Praktikern, einschließlich Judith DeLozier, Leslie Cameron-Bandler, Robert Dilts, David Gordon, Charles Faulkner sowie Steve und Connirae Andreas, haben wesentlich dazu beigetragen, die theoretischen und praktischen Anwendungsmöglichkeiten des NLP zu vertiefen und zu erweitern. Somit ist das NLP heute ein dynamisches und weiterwachsendes Feld mit einer weltweiten Gemeinschaft von Forschern und Praktikern.

Im Rückblick auf die faszinierende Geschichte von NLP erkennen wir eine einzigartige Entwicklung, die das Potenzial hatte, das Leben vieler Menschen positiv zu verändern. Von seinen bescheidenen Anfängen in den 1970er Jahren bis hin zu seiner weltweiten Verbreitung in den verschiedensten Bereichen hat sich das Neurolinguistische Programmieren als ein kraftvolles Werkzeug erwiesen, das uns ermöglicht, unser Denken zu transformieren, unsere Kommunikation zu verbessern und persönliche Veränderungen herbeizuführen. Die Innovationskraft der Gründer, ihre Kombination bewährter Techniken aus unterschiedlichen Fachbereichen und die kontinuierliche Weiterentwicklung machen NLP zu einem einzigartigen und dynamischen Ansatz, der uns auf unserer Reise des persönlichen Wachstums und der Selbstentfaltung begleitet. Möge die Geschichte von NLP uns inspirieren, weiterhin neue Horizonte zu erkunden und unsere Potenziale voll auszuschöpfen, um ein erfülltes und erfolgreiches Leben zu führen.

DER NUTZEN VON NLP IM ALLTAG UND BERUF

Neuro-Linguistisches Programmieren (NLP) fungiert als effektives Werkzeug, das Einzelpersonen und Berufstätigen dabei hilft, Barrieren in ihrem persönlichen und beruflichen Fortschritt zu überwinden und neue, förderliche Verhaltensweisen zu entwickeln. Im Kern ermöglicht NLP eine Befreiung von unproduktiven Gewohnheiten, unangebrachten Ängsten und selbst auferlegten Begrenzungen, die eine reichere und erfüllendere Lebenserfahrung verhindern können.

NLP stellt eine Vielfalt von Auswahlmöglichkeiten bereit, die sich auf unsere Kommunikationsfähigkeit, unsere Reaktionen auf verschiedene Situationen und sogar unsere Gefühle auswirken. Mit einem breiteren Spektrum an Möglichkeiten sind wir besser gerüstet, um die besten Entscheidungen für unsere Bedürfnisse zu treffen. Im Geschäftsumfeld haben sich NLP-Methoden als wertvolle Ressourcen für die Verbesserung der zwischenmenschlichen Kommunikation, den Aufbau von Vertrauensbeziehungen und die präzise Zielsetzung erwiesen. Sie sind daher seit langem ein wesentlicher Bestandteil der Ausbildung von Unternehmensberatern und Trainern.

Darüber hinaus unterstützt NLP die Entwicklung von Fertigkeiten, die eine effektive Kommunikation mit Menschen fördern, die eine andere Weltanschauung haben als wir selbst. Dies ist besonders wichtig in multinationalen Unternehmen, wo es häufig kulturelle Barrieren gibt.

NLP-Techniken werden auch bei der Gestaltung professioneller Präsentationen und rhetorischer Überzeugungskraft eingesetzt. Führungskräfte und Berater ziehen Inspiration aus dem kreativen und innovativen Potenzial von NLP und nutzen es zur Teambildung, strategischen Planung und Qualitätsmanagement. NLP-Coaching kann in einer Vielzahl von Kontexten eingesetzt werden, wo es auf Kommunikation ankommt.

Mit NLP wird es einfacher, motiviert zu bleiben und die gesetzten Ziele zu erreichen, selbst über einen längeren Zeitraum hinweg. Auch im Verkauf und in der Beratung spielt NLP eine zentrale Rolle. Es bietet die Möglichkeit, Informationen auf eine Weise zu vermitteln, die für das Gegenüber verständlich ist. NLP-Fragetechniken helfen dabei, genau zu ermitteln, was der Kunde oder Klient benötigt.

NLP im Coaching

NLP hat in der Coaching-Branche eine entscheidende Rolle übernommen. Mit NLP-Techniken können Coaches tiefer in die Denkweisen ihrer Klienten eintauchen, um individuelle Bedürfnisse und Ziele besser zu verstehen und darauf abgestimmte Strategien zu entwickeln. NLP kann auch dazu beitragen, einschränkende Glaubenssätze oder hinderliche Verhaltensmuster zu erkennen und zu transformieren, um das persönliche und berufliche Wachstum des Klienten zu fördern.

NLP in der Personalauswahl

Im HR-Management kann NLP genutzt werden, um den Rekrutierungs- und Auswahlprozess zu optimieren. Durch den Einsatz von NLP-Methoden können Personalverantwortliche effektivere Interviews führen, potenzielle Kandidaten besser einschätzen und eine tiefere Verbindung zu den Bewerbern herstellen, was zu fundierteren Entscheidungen führt.

NLP in Verhandlungen

NLP-Techniken können dazu beitragen, eine effektive Verhandlungsführung zu ermöglichen. Durch die Verbesserung der Kommunikationsfähigkeiten und das Verständnis für die Perspektiven und Bedürfnisse der Verhandlungspartner können bessere Vereinbarungen erzielt werden.

NLP in der Führung:

Führungskräfte nutzen NLP, um ihre Kommunikation und Beziehungen zu den Teammitgliedern zu verbessern. Darüber hinaus hilft NLP dabei, Führungsstile zu entwickeln, die auf die Bedürfnisse und Stärken der einzelnen Mitarbeiter abgestimmt sind, um die Teamleistung zu maximieren.

NLP im Gesundheitswesen und in der Therapie

NLP wird im Gesundheitswesen und in der Therapie genutzt, um die Kommunikation mit Patienten zu verbessern, deren Bedürfnisse besser zu verstehen und individuell abgestimmte Betreuungspläne zu erstellen. Darüber hinaus können Therapeuten NLP-Techniken nutzen, um Patienten dabei zu helfen, gesundheitsbezogene Ziele zu setzen und zu erreichen, Angst und Stress zu bewältigen und positive Verhaltensänderungen zu fördern.

NLP im Management allgemein

Im allgemeinen Management wird NLP genutzt, um strategische Entscheidungen zu treffen, die Teamleistung zu verbessern, effektive Kommunikation zu fördern und eine positive Unternehmenskultur zu pflegen.

Mit NLP können Manager ihre Problemlösungs- und Entscheidungsfähigkeiten verbessern, ihre Führungsfähigkeiten schärfen und eine Umgebung schaffen, die Kreativität und Innovation fördert. Mit NLP lernen wir einfach, die Sprache unserer Zielgruppe erstens besser zu verstehen, aber auch besser sprechen. Dies ist besonders wichtig im Verkauf, wo das Verständnis der Bedürfnisse des Kunden und die Anpassung an seine Weltanschauung zu höheren Verkaufszahlen führen können.

Mit NLP können wir lernen, empathisch zu kommunizieren, uns auf die Sichtweise unseres Gegenübers einzulassen und so das richtige Produkt für den Kunden zu finden.

DIE GRUNDANNAHMEN DES NLP

Richard Bandler, einer der Mitbegründer des Neurolinguistischen Programmierens (NLP), etablierte die Grundannahmen des NLP basierend auf seiner Arbeit und Forschung in den Bereichen Kommunikation, Verhaltenstherapie und Modellierung menschlicher Exzellenz. Im Folgenden wird detailliert erläutert, wie Bandler zu den Grundannahmen des NLP kam. Bandler begann seine Arbeit im Bereich der menschlichen Kommunikation und Verhaltenstherapie in den 1970er Jahren, als er in Zusammenarbeit mit John Grinder, einem Sprachwissenschaftler, die Prinzipien und Methoden entwickelte, die später als NLP bekannt werden sollten. Ihre Arbeit zielte darauf ab, effektive und reproduzierbare Modelle für menschliches Verhalten zu erstellen, insbesondere im Hinblick auf Kommunikation, Lernen und Veränderung.

Eines der grundlegenden Konzepte, auf die sich Bandler und Grinder in ihrer Arbeit stützten, war die Idee der "Modellierung". Sie glaubten, dass sie durch die Untersuchung und Nachahmung der Verhaltensweisen, Überzeugungen und Strategien von Individuen, die in bestimmten Bereichen außergewöhnlich erfolgreich waren, diese Muster lernen und an andere weitergeben könnten. Sie untersuchten das Verhalten von Therapeuten wie Virginia Satir, Fritz Perls und Milton Erickson, die in ihren jeweiligen Bereichen als herausragend angesehen wurden.

Die Grundannahmen des NLP, wie sie von Bandler formuliert wurden, sind das Produkt dieser Forschungs- und Modellierungsanstrengungen. Sie stellen Überzeugungen und Annahmen dar, die er als wesentlich für die Effektivität der von ihm beobachteten Exzellenzmodelle identifizierte.

Zum Beispiel die Annahme, dass "die Landkarte nicht das Gebiet ist", spiegelt die Erkenntnis wider, dass unsere individuellen Wahrnehmungen und Interpretationen der Welt – unsere "Landkarten" – unweigerlich von der tatsächlichen Realität – dem "Gebiet" – abweichen. Diese Annahme unterstreicht die Bedeutung von Flexibilität in unserer Wahrnehmung und unserem Verständnis der Welt, ein Schlüsselkonzept in der NLP-Praxis. Die Annahme, dass "die Mittel, die ein Individuum benötigt, um angestrebte Veränderungen zu erreichen, bereits im Individuum vorhanden sind", beruht auf Bandlers Beobachtungen und Erfahrungen, dass Menschen bereits die Ressourcen und Fähigkeiten besitzen, die sie benötigen, um positive Veränderungen in ihrem Leben herbeizuführen.

Es ist wichtig zu bemerken, dass diese Grundannahmen nicht als absolute Wahrheiten angesehen werden sollen, sondern eher als hilfreiche Glaubenssätze, die eine positive und effektive Arbeit mit NLP unterstützen.

1. **Die Fähigkeit, den Prozess zu verändern, durch den wir die Realität erleben, ist oft wertvoller als die Veränderung des Inhalts unserer Erfahrung der Realität.** Diese Präsupposition betont die Bedeutung des Prozesses der Erfahrung über den reinen Inhalt der Erfahrung. Mit anderen Worten, die Art und Weise, wie wir Ereignisse, Situationen und Informationen verarbeiten und interpretieren, hat einen größeren Einfluss auf unser Erleben und Verhalten als die konkreten Details der betreffenden Situation.

2.   **Die Bedeutung Ihrer Kommunikation liegt in der Reaktion, die Sie erhalten.** Diese Annahme besagt, dass der Kommunikationserfolg nicht nur durch die Absicht oder Botschaft des Senders, sondern auch durch die Reaktion des Empfängers bestimmt wird. Wenn die Antwort nicht der beabsichtigten Kommunikation entspricht, liegt es in der Verantwortung des Senders, seine Mitteilung anzupassen.

3.   **Alle Unterscheidungen, die Menschen in Bezug auf unsere Umwelt und unser Verhalten machen können, sind nützlich durch die visuellen, auditiven, kinästhetischen, olfaktorischen und gustatorischen Sinne darstellbar.** Diese Annahme betont die zentrale Rolle unserer Sinne in der Erfahrung und Wahrnehmung. Unsere Sinnesmodalitäten sind die primären Mittel, durch die wir Informationen über unsere Umwelt aufnehmen und interpretieren.

4.   **Die Mittel, die ein Individuum benötigt, um angestrebte Veränderungen zu erreichen, sind bereits im Individuum vorhanden.** Dieses Prinzip besagt, dass jeder Mensch die inneren Ressourcen besitzt, die notwendig sind, um Veränderungen herbeizuführen und Ziele zu erreichen. Diese Ressourcen können durch verschiedene NLP-Techniken und -Verfahren erschlossen und genutzt werden.

5. **Die Landkarte ist nicht die Landschaft.** Diese Annahme unterstreicht den Unterschied zwischen unserer subjektiven Wahrnehmung der Welt (unsere "Landkarte") und der tatsächlichen Realität (der "Landschaft"). Sie weist darauf hin, dass unsere individuellen Wahrnehmungen und Interpretationen der Realität oft verzerrt und unvollständig sind.

6. **Der positive Wert des Individuums bleibt konstant, während der Wert und die Angemessenheit des inneren und/oder äußeren Verhaltens in Frage gestellt wird.** Dieses Prinzip besagt, dass das intrinsische Wert eines Individuums unveränderlich ist, unabhängig von seinen Verhaltensweisen. Es ermöglicht es, Verhaltensweisen zu kritisieren oder zu verändern, ohne den Wert des Individuums als Person infrage zu stellen.

7. **Es gibt eine positive Absicht hinter jedem Verhalten und einen Kontext, in dem jedes Verhalten nützlich ist.** Diese Annahme stellt die Prämisse dar, dass jedes Verhalten, auch wenn es in bestimmten Kontexten destruktiv erscheint, aus der Perspektive des Individuums in einem bestimmten Kontext oder zu einem bestimmten Zeitpunkt einen positiven Nutzen oder Wert hat.

8. **Feedback versus Versagen** - Alle Resultate und Verhaltensweisen sind Leistungen, unabhängig davon, ob sie gewünschte Ergebnisse in Bezug auf eine Aufgabe / Sache sind oder nicht. Nach dieser Annahme gibt es im NLP kein Scheitern, nur Feedback.

Diese Sichtweise fördert ein lösungsorientiertes Mindset, das es ermöglicht, aus Fehlern zu lernen und diese als wertvolle Informationen für zukünftige Handlungen zu nutzen.

In der Gesamtheit zeigen sich die acht Grundannahmen, die Richard Bandler formuliert hat, als essenzielle Leitlinien für das Verständnis und die Anwendung von NLP.

Sie zeichnen ein Bild von der menschlichen Wahrnehmung, Kommunikation und Verhaltensweisen, dass es uns ermöglicht, uns selbst und andere auf tiefgehender Ebene zu verstehen und effektiv zu interagieren. Mit der Betonung auf den individuellen Ressourcen, der Wertschätzung jedes Individuums, der Nutzbarkeit aller Sinneswahrnehmungen und dem Glauben an die positive Absicht hinter jedem Verhalten, bieten sie einen positiven und ermächtigenden Ausgangspunkt für persönliche und professionelle Entwicklung. Die Grundannahmen des NLP dienen somit nicht nur als theoretisches Gerüst, sondern bilden eine pragmatische Handlungsanleitung für effektive Kommunikation und erfolgreiche Veränderungsarbeit.

DIE STRUKTUR DER MENSCHLICHEN ERFAHRUNG

In der Anwendung und Lehre von NLP liegt ein wesentlicher Fokus darauf, wie wir unsere Welt und die Menschen um uns herum wahrnehmen und interpretieren. Unser geistiger Prozess, wenn wir an andere Menschen denken, ist nicht unbedingt mit der Realität dieser Personen verbunden. Vielmehr arbeiten wir mit mentalen Abbildungen oder Repräsentationen, wie Lucas Derks, ein namhafter Sozialpsychologe und NLP-Experte, in senem Werk erläutert.

Diese mentalen Repräsentationen, die wir uns von unserer Umgebung, unseren Mitmenschen und Erfahrungen bilden, bilden die Grundlage für unser soziales Erleben und Verhalten. Sie prägen, wie wir kommunizieren, Entscheidungen treffen und Emotionen empfinden. Sie sind die Bausteine unserer subjektiven Realität und bestimmen, wie wir auf die Welt reagieren.

Richard Bandler und John Grinder verfolgten das Ziel, die Praktiken und Strategien hervorragender Psychotherapeuten zu entziffern und nachbildbar zu machen. Ihr Ansatz konzentrierte sich auf die Modellierung von (nicht-)verbalem Verhalten und ließ bewusst das Menschenbild und das psychodynamische Verständnis der Vorbilder außen vor. Anstatt eine starre theoretische Struktur zu schaffen, etablierten sie NLP als ein dynamisches System von Techniken und Strategien, verbunden durch eine Reihe von "nützlichen Vorannahmen". Dieser flexible Ansatz hat es ermöglicht, NLP als ein Set von Werkzeugen zu betrachten, das darauf abzielt, die individuellen Ressourcen zu stärken und effektive Verhaltensänderungen zu fördern.

NLP erfasst nicht nur die Struktur unserer mentalen Repräsentationen, sondern bietet auch die Werkzeuge, um diese Strukturen zu verändern und zu optimieren.

Dabei steht immer das Ziel im Mittelpunkt, das menschliche Potential zu entfalten und die persönliche und berufliche Effektivität zu steigern. Der individuelle Erfahrungsprozess und die Fähigkeit zur Veränderung und Anpassung sind somit zentrale Themen in der Anwendung und Lehre von NLP.

DAS "MODELL DER WELT"

Modell der Welt" ist ein zentraler Begriff im NLP und stellt das individuelle Verständnis und die Interpretation der Welt jedes Einzelnen dar. Diese Prämisse des NLP ist faszinierend und lehrreich und leitet uns an, in eine andere Denkrichtung zu gehen. Es verkörpert eine bedeutungsvolle Erkenntnis, die tiefer geht als viele umfangreiche Texte.

Bevor man sich mit NLP beschäftigt, ist es nicht unüblich, voreingenommene Ansichten über andere Menschen zu haben, basierend auf deren Aussehen, Verhalten oder Ansichten. Unsere Gesellschaft ist geprägt von vorgefassten Meinungen, gesellschaftlichen Normen und dem Zwang zur Anpassung. Eine kritische Haltung gegenüber Personen, die sich von der Norm unterscheiden, wird oft von Generation zu Generation weitergegeben. Erinnerungen an Familiengespräche, die das Verhalten der Nachbarn kritisieren oder hinterfragen, sind für viele Menschen nicht ungewöhnlich.

Die zentrale Idee, dass jeder Mensch in seinem eigenen Modell der Welt lebt, ist eine mächtige. Dieses Modell wird geformt und beeinflusst durch individuelle Faktoren wie Erziehung, Kultur, persönliche Erfahrungen, Glaubenssätze und Werte. Dies bedeutet, dass sogar zwei Zwillingsbrüder, obwohl sie ihr ganzes Leben zusammen verbracht haben, unterschiedliche Modelle der Welt haben könnten, basierend auf ihren einzigartigen Lebenserfahrungen. Wenn wir bedenken, dass es fast 8 Milliarden Menschen auf dem Planeten gibt, erkennen wir die unglaubliche Vielfalt der Weltmodelle, die existieren. Obwohl es gewisse Übereinstimmungen zwischen einigen Modellen gibt, unterscheiden sie sich grundsätzlich voneinander.

Diejenigen, deren Weltmodelle sich ähneln, finden oft eine sofortige Verbindung und bauen schnell eine starke Beziehung auf. Ein zentraler Grundsatz des NLP ist der Respekt vor der Einzigartigkeit jedes Individuums und seinem Recht, in seinem eigenen Modell der Welt zu leben. Dies ist eine Anerkennung dafür, dass jeder Mensch in seiner eigenen Realität lebt, und die Lösungen, die wir für unsere Probleme finden, sind nicht unbedingt für andere anwendbar.

Das Verständnis des Konzepts der Weltmodelle hat transformative Auswirkungen. Es ermöglicht tiefergehende und erfüllendere Gespräche, indem es das Bewusstsein für die Einzigartigkeit jedes Individuums schärft und uns ermutigt, in das Modell der Welt unseres Gesprächspartners einzutauchen. Anstatt unsere eigenen Perspektiven und Lösungen aufzudrängen, versuchen wir, das Modell unseres Gesprächspartners zu verstehen und entsprechend darauf zu reagieren.

Dieser Ansatz kann Konflikte entschärfen und zu souveräneren, produktiveren Interaktionen führen. Es fördert ein tieferes Verständnis und die Akzeptanz von Unterschieden, anstatt auf der Dominanz der eigenen Perspektive zu beharren. Denn es gibt kein universelles "Richtig" oder "Falsch", da jede Meinung und Lösung aus einem einzigartigen Modell der Welt entspringt.

Schlussfolgernd kann man sagen, dass das Verständnis und die Anwendung des Konzepts des Modells der Welt in NLP zu größerer Akzeptanz, Toleranz und Verständnis führen kann. Es kann uns helfen, bessere Gesprächs- und Konfliktlöser zu werden und die Kommunikation mit anderen erheblich zu erleichtern. Wie der Kommunikationstheoretiker Paul Watzlawick treffend feststellte: "*Man kann nicht nicht kommunizieren*". Mit dem Verständnis des Modells der Welt in NLP können wir lernen, effektiver und einfühlsamer zu kommunizieren.

NLP ALS WERKZEUG FÜR DIE ZWISCHENMENSCHLICHE KOMMUNIKATION

Im digitalen Zeitalter, in dem der persönliche Kontakt oftmals durch Technologie ersetzt wird, erlangt die zwischenmenschliche Kommunikation einen noch höheren Stellenwert. Hierbei spielt das NLP eine entscheidende Rolle, um dieses menschliche Bedürfnis nach wirksamer Verständigung zu erfüllen und das Zusammenleben auf allen Ebenen harmonischer zu gestalten.

NLP steht für eine Vielzahl von Techniken und Konzepten, die dazu dienen, die menschliche Kommunikation und persönliche Entwicklung zu optimieren. Es lehrt uns, die "Modelle der Welt" anderer Menschen zu verstehen und anzuerkennen. Jede Person hat ihr eigenes Modell der Welt, geformt durch individuelle Erfahrungen, Glaubenssätze und Werte. Dieses Bewusstsein erlaubt es uns, besser auf die Bedürfnisse und Sichtweisen unserer Kommunikationspartner einzugehen.

NLP bei der Kommunikation mit Erwachsenen

Im Kontext der Erwachsenenkommunikation bietet NLP ein tiefgreifendes Verständnis und fördert effektive Verbindungen. Es hilft, den Standpunkt des anderen zu verstehen, und ermöglicht eine zielgerichtete Kommunikation, die auf Verständnis und Respekt beruht. Zudem unterstützt NLP die Selbstwahrnehmung und Selbstkommunikation, die essentiell sind für die Interaktion mit anderen.

NLP in der Kommunikation mit Jugendlichen

Jugendliche durchlaufen eine Phase intensiver Veränderungen. NLP kann dabei helfen, die speziellen Erfahrungen und Herausforderungen von Jugendlichen zu verstehen und eine effektive Kommunikationsbrücke zu schlagen.

Es unterstützt den Aufbau von Rapport und fördert die Fähigkeit von Jugendlichen, ihre Emotionen zu verstehen und auszudrücken.

NLP in der Kommunikation mit Kindern

Kinder haben eine einzigartige Wahrnehmung der Welt, die sich ständig weiterentwickelt. NLP kann Erwachsenen helfen, sich in die Welt der Kinder hineinzuversetzen und ihre Sichtweisen zu verstehen. Darüber hinaus bietet NLP effektive Methoden, um Kindern zu helfen, ihre Gefühle zu benennen und ihre Problemlösefähigkeiten zu stärken.

NLP stellt ein bedeutendes Instrument zur Verbesserung der zwischenmenschlichen Kommunikation dar. Es erlaubt uns, die einzigartigen Weltmodelle anderer zu akzeptieren, durch ihre Augen zu sehen und dadurch effektiver zu kommunizieren. In einer Zeit, in der Kommunikation und Verständnis mehr denn je gefordert sind, liefert NLP wertvolle Strategien zur Verbesserung unserer zwischenmenschlichen Beziehungen und Interaktionen.

DAS NLP KOMMUNIKATIONSMODELL: VERSTEHEN UND ANWENDEN

Es mag Ihnen vertraut erscheinen: Sie und ein Kollege haben den gleichen Film gesehen. Ihr Kollege bezeichnet ihn als "faszinierend", während Sie ihn als "langweilig" empfinden. Oder Sie waren gemeinsam in einer Sitzung, in der Sie der Ansicht waren, es wurde ein effizientes Arbeitspensum erstellt. Ihr Kollege hingegen fand die Diskussion verwirrend und ohne klare Richtung. Solche Unterschiede in der Wahrnehmung sind alltäglich und sie sind das Herzstück des NLP Kommunikationsmodells. Das Kommunikationsmodell bietet Einblicke, warum zwei Menschen das gleiche Ereignis unterschiedlich interpretieren, speichern und darauf reagieren können. Es erklärt, wie wir Informationen von außen verarbeiten und darauf reagieren. Es zeigt auf, wie die gleichen äußeren Reize unterschiedliche innere Reaktionen auslösen können.

Im Wesentlichen funktioniert das Kommunikationsmodell nach Folgendem Schema: Äußere Reize erreichen uns über unsere Sinnesorgane. Diese Reize werden dann durch eine Vielzahl von Filtern geleitet, bevor sie ihre endgültige Bedeutung erlangen. Diese Filterung, die unbewusst abläuft, erzeugt ein inneres Bild der Reize. Dieses innere Bild interagiert mit unserer Körperhaltung und Stimmung und beeinflusst, wie wir auf die Außenwelt reagieren. Diese Reaktionen wiederum stellen Reize für andere dar, die dann ebenfalls verarbeitet werden. So entsteht ein ständiger Kreislauf von Aktion und Reaktion.

Die Filter, die wir nutzen, sind vielfältig und komplex. Sie führen zu Verzerrungen, Verallgemeinerungen und Auslassungen. Diese drei Prozesse sind von zentraler Bedeutung für das Verständnis des NLP Kommunikationsmodells.

Bei der Verzerrung fügen wir den eingehenden Reizen eigene Interpretationen und Vorstellungen hinzu. Das führt dazu, dass wir die Realität auf eine Weise wahrnehmen, die durch unsere persönlichen Vorurteile und Erwartungen geformt ist.

Verallgemeinerungen helfen uns, die Welt zu vereinfachen. Wir ordnen neue Erfahrungen in Kategorien ein, die wir auf der Grundlage früherer Erfahrungen erstellt haben. Dadurch gehen jedoch oft die individuellen Besonderheiten der neuen Erfahrungen verloren.

Durch Auslassungen eliminieren wir Teile der eingehenden Informationen, die wir als irrelevant erachten. Das hilft uns, die Menge der Informationen zu bewältigen, führt aber auch dazu, dass wir einen unvollständigen Überblick über die Realität haben.

Die Kenntnis des NLP Kommunikationsmodells und seiner Filter ermöglicht es uns, zu erkennen, wie wir unsere Wahrnehmung der Realität gestalten. Es hilft uns, unsere eigene Kommunikation zu verbessern und besser zu verstehen, wie andere ihre Welt sehen. Es zeigt uns, dass wir alle in unseren eigenen, einzigartigen Wahrnehmungsblasen leben und lehrt uns, diese Tatsache in unserer Kommunikation mit anderen zu respektieren. Dadurch können wir effektiver kommunizieren, Missverständnisse vermeiden und harmonischere Beziehungen aufbauen.

15 GRUNDLEGENDE WERKZEUGE UND NLP-TECHNIKEN

In den vorangegangenen Kapiteln haben wir uns mit den grundlegenden Prinzipien und Konzepten des Neurolinguistischen Programmierens (NLP) vertraut gemacht. Nun ist es an der Zeit, unsere Aufmerksamkeit auf die praktische Anwendung dieser Methodik zu lenken. In diesem Kapitel werden wir uns mit einer Reihe von grundlegenden Werkzeugen und NLP-Techniken befassen, die Ihnen helfen werden, Ihr Verständnis und Ihre Fähigkeiten im Bereich der persönlichen Veränderung und Kommunikation zu vertiefen.

Zielarbeit mit NLP

Die Arbeit mit Zielen ist ein zentraler Bestandteil von NLP. In diesem Abschnitt werden wir lernen, wie man effektiv Ziele setzt und diese mithilfe von NLP-Techniken erreicht. Sie werden erfahren, wie Sie Ihre Ziele präzise formulieren, sie visualisieren und Ihre innere Motivation stärken können, um sie erfolgreich umzusetzen.

Anker setzen und nutzen

Anker sind Techniken, mit denen Sie bestimmte emotionale Zustände oder Ressourcen aktivieren können, wann immer Sie sie benötigen. Wir werden lernen, wie man Anker effektiv setzt und nutzt, um positive Gefühle zu verstärken, Ängste zu überwinden oder in einen optimalen mentalen Zustand zu gelangen.

Reframing ist eine mächtige Technik, mit der Sie Ihre Sichtweise auf bestimmte Situationen oder Probleme verändern können. Wir werden erkunden, wie man die Bedeutung von Erfahrungen neu interpretiert, um positive Veränderungen zu bewirken und neue Handlungsmöglichkeiten zu entdecken.

Visualisierungen und mentale Übungen

Visualisierungen und mentale Übungen sind wirksame Werkzeuge, um Ihre Vorstellungskraft und Ihre mentalen Fähigkeiten zu nutzen. Wir werden verschiedene Techniken kennenlernen, mit denen Sie Ihre mentale Repräsentation von Zielen, Erfahrungen und Ressourcen verbessern können, um Ihre Leistungsfähigkeit und Ihr Wohlbefinden zu steigern.

Timeline-Arbeit: Umgang mit der Zeit

Die Timeline-Arbeit ermöglicht es Ihnen, Ihre Vorstellungen von Vergangenheit, Gegenwart und Zukunft bewusst zu gestalten. Sie werden lernen, wie Sie Ihre Timeline nutzen können, um negative Erfahrungen zu heilen, zukünftige Ziele zu visualisieren und Ihren Weg zu einem erfüllten Leben zu planen.

Selbst-Coaching mit NLP

Selbst-Coaching mit NLP ist eine Möglichkeit, die grundlegenden Techniken des NLP im Alltag anzuwenden. Wir werden erläutern, was Selbst-Coaching mit NLP ist und wie es angewendet werden kann, um persönliche Ziele zu erreichen, Blockaden zu überwinden und positive Veränderungen herbeizuführen.

Darüber hinaus werden wir einige konkrete Beispiele für die Anwendung von Selbst-Coaching-Techniken mit NLP geben.

Die Beherrschung von NLP im Alltag hängt eng mit dem kontinuierlichen Üben dieser grundlegenden Techniker zusammen. Durch regelmäßiges Training und Anwendung werden Sie schnell Fortschritte erkennen und die Vorteile von NLP in Ihrem Leben erfahren. Das Üben dieser Werkzeuge und Techniken macht nicht nur Spaß, sondern ermöglicht es Ihnen auch, Ihr volles Potenzial auszuschöpfen und positive Veränderungen in verschiedenen Lebensbereichen zu erreichen.

RAPPORT: DIE KUNST DER BEZIEHUNGSGESTALTUNG

In der Kommunikationswissenschaft und insbesondere in der Neuro-Linguistischen Programmierung (NLP) ist Rapport ein zentrales Konzept, das den Grad der harmonischen Resonanz oder der 'kommunikativen Übereinstimmung' zwischen Personen beschreibt. Rapport steht für die Qualität einer Beziehung, die von Vertrauen, gegenseitiger Anerkennung und Verständnis geprägt ist. Es ist ein Zustand, in dem Individuen oder Gruppen sich auf einer tiefen Ebene miteinander verbunden fühlen und aufeinander abgestimmt sind.

Rapport kann aufgefasst werden als die Fähigkeit, in die Wahrnehmungswelt einer anderen Person einzutreten und auf dieser Grundlage eine Verbindung herzustellen. Dieser Zustand ermöglicht es, eine effektive Zusammenarbeit zu erreichen und ein gemeinsames Ziel anzustreben. Ein starkes Rapport ermöglicht eine Kommunikation, die über das einfache Austauschen von Worten hinausgeht; es ermöglicht eine tiefergehende Interaktion und ein tiefergehendes Verständnis.

Betrachten wir das Konzept des Rapports genauer, so zeigt sich, dass es weit über eine Technik hinausgeht und eher einen kontinuierlichen Prozess des Austauschs und der Feinabstimmung darstellt. Die Fähigkeit, Rapport zu erzeugen und aufrechtzuerhalten, hängt von der Sensibilität für verbale und nonverbale Signale ab, der Fähigkeit, auf diese zu reagieren und sie im Bedarfsfall zu spiegeln.

Der Begriff Rapport stammt ursprünglich aus dem Bereich der Hypnotherapie, wo er die enge und vertrauensvolle Beziehung zwischen Therapeut und Patient bezeichnet. Richard Bandler und

John Grinder, die Begründer des NLP, haben diesen Begriff aufgegriffen und weiterentwickelt.

Im Bereich der NLP ist das Erzeugen von Rapport ein zentraler Aspekt jeder erfolgreichen Kommunikation und Interaktion. Der Aufbau von Rapport erleichtert den Zugang zu den tiefen Schichten des Unbewussten und minimiert Widerstände. In der Praxis geschieht der Aufbau von Rapport oft auf einer unbewussten Ebene. Personen, die in einer guten Beziehung zueinanderstehen, synchronisieren oft spontan ihre verbalen und nonverbalen Ausdrucksformen. Dies kann sich in der Körperhaltung, den Bewegungen, der Atemfrequenz, aber auch im Sprachrhythmus und in der Wortwahl zeigen.

Diese natürliche Anpassung des Verhaltens kann auch bewusst eingesetzt werden, um Rapport herzustellen oder zu vertiefen. Im NLP spricht man in diesem Zusammenhang von "Pacing". Durch eine bewusste Anpassung des eigenen Verhaltens an das der anderen Person kann ein Zustand des Rapports erreicht werden. Zum Beispiel könnte man in einer beruflichen Verhandlung versuchen, den Sprachrhythmus und die Körperhaltung des Gesprächspartners zu spiegeln, um auf dieser nonverbalen Ebene eine stärkere Verbindung herzustellen. Dies kann dazu beitragen, das Gespräch positiv zu beeinflussen und zu einem erfolgreichen Abschluss zu führen.

Rapport bedeutet eine tiefe Verbindung, die auf gegenseitigem Verständnis, Vertrauen und gemeinsamen Werten beruht aufzubauen. Es stellt eine Synchronität oder Harmonie zwischen den Interaktionspartnern her, die für effektive Kommunikation und Veränderungsarbeit unerlässlich ist. Um Rapport zu erzeugen und zu vertiefen, stehen in der NLP verschiedene Techniken zur

Verfügung. Eine der bekanntesten ist das "Pacing und Leading". Beim Pacing geht es darum, sich bewusst an das Verhalten, die Sprache oder das Erleben des Gegenübers anzupassen. Leading hingegen ist die Führung der Interaktion hin zu den gewünschten Ergebnissen, nachdem ein ausreichender Rapport hergestellt wurde.

Es gibt verschiedene Wege, wie man Rapport im NLP üben kann. Einige davon sind:

- **Körperliche Anpassung (Matching und Mirroring):** Dies umfasst das Anpassen der Körperhaltung, Bewegungen, Gestik, Mimik und Atmung des Gesprächspartners. Es ist wichtig, dies auf eine nicht auffällige und respektvolle Weise zu tun, um die natürliche Harmonie der Interaktion zu unterstützen.

- **Sprachliche Anpassung:** Hier geht es darum, den Tonfall, die Geschwindigkeit, das Vokabular und die Sprachmuster des Gegenübers zu spiegeln. Auf diese Weise können Sie eine tiefere Verbindung auf der verbalen Ebene herstellen.

- **Werte und Überzeugungen anerkennen:** Indem Sie die Werte und Überzeugungen des Anderen anerkennen und respektieren, können Sie einen tiefen Rapport herstellen. Dies bedeutet nicht, dass Sie diese Werte und Überzeugungen übernehmen müssen, aber das Verständnis und die Anerkennung der Perspektive des Anderen ist ein mächtiges Werkzeug zur Beziehungsbildung.

- **Gemeinsame Erfahrungen nutzen:** Wenn Sie gemeinsame Erfahrungen oder Interessen mit Ihrem Gesprächspartner haben, können Sie diese zur Herstellung von Rapport nutzen. Teilen Sie diese Erfahrungen oder sprechen Sie über gemeinsame Interessen, um eine Verbindung herzustellen.

Ein Übungsbeispiel für *Pacing* könnte folgendermaßen aussehen:

Übung: Das Kaffeehaus-Pacing

Stellen Sie sich vor, Sie sind in einem gemütlichen Café. Beobachten Sie die Person, mit der Sie sich treffen, genau, ohne dabei aufdringlich zu wirken. Nehmen Sie bewusst die feinen Details ihrer Körperhaltung, Gesten und Ausdrucksweise wahr.

Zum Beispiel: Wenn sie sich nach hinten lehnt und ihre Arme überkreuzt, versuchen Sie, eine ähnliche Position einzunehmen, aber auf eine diskrete und natürliche Weise, die nicht zu offensichtlich oder nachahmend wirkt. Wenn sie langsam spricht und ihre Sätze mit bedachten Pausen formuliert, passen Sie Ihre Sprechweise entsprechend an.

Verwenden Sie diese Technik, um subtil in ihre Welt einzutauchen und eine harmonische Verbindung aufzubauen. Denken Sie daran, dass das Ziel von "Pacing" nicht darin besteht, eine exakte Kopie des Verhaltens der anderen Person zu sein, sondern vielmehr darin, eine bequeme und respektvolle Übereinstimmung zu finden, die das Gefühl von Gemeinschaft und Vertrauen stärkt.

Üben Sie diese Technik, um ein Gefühl für das richtige Maß an "Pacing" zu bekommen. Mit der Zeit werden Sie feststellen, dass Sie intuitiver und effektiver in der Lage sind, Rapport herzustellen und zu pflegen. Sie werden feststellen, dass Ihre Fähigkeit, sich auf andere einzustellen und sie zu verstehen, zunimmt, was zu tieferen und produktiveren Interaktionen führt.

In dieser Übung sind die Rollen gleich verteilt wie im vorherigen Beispiel: Person A ist der "Führer" und Person B ist der "Folger". Zunächst etabliert Person A den Rapport mit Person B durch Pacing.

Person A beginnt dann, bewusst ihre emotionale Ausdrucksweise zu verändern, etwa indem sie beginnt, mehr Begeisterung in ihre Stimme zu bringen oder eine tiefere Ruhe auszustrahlen. Während dieser Veränderung beobachtet Person A genau, ob Person B ihre emotionale Ausdrucksweise ebenfalls anpasst - ob sie ebenfalls enthusiastischer oder ruhiger wird.

Wenn Person B ihre emotionale Ausdrucksweise ändert und der Veränderung von Person A folgt, dann ist das Führen erfolgreich und es besteht ein starker Rapport zwischen Person A und Person B.

Wenn Person B der emotionalen Veränderung von Person A jedoch nicht folgt, geht Person A wieder einen Schritt zurück und kehrt zum Pacing zurück, um den Rapport zu stärken und einen weiteren Versuch zu unternehmen, zu führen.

Durch Übungen wie diese können Sie Ihre Fähigkeiten im Leading verbessern und lernen, wie Sie den Rapport in verschiedenen Kommunikationssituationen effektiv nutzen können. Die Anwendung von NLP im Alltag kann betrachtet werden als eine erfreuliche und bereichernde Reise der Selbstentwicklung und

Verbesserung der Kommunikationsfähigkeiten. Ähnlich wie bei der Beherrschung einer Sportart oder dem Erlernen eines Musikinstruments, sollte das Üben von NLP nicht als eine mühselige Aufgabe gesehen werden, sondern als eine Chance, persönliche Fähigkeiten zu stärken und das eigene Potential voll auszuschöpfen. Es ist eine aufregende Tatsache, dass die meisten NLP-Übungen diskret und selbstständig durchgeführt werden können.

Sie können Ihre Fähigkeiten in jeder Situation einsetzen und verbessern, ohne dass andere davon wissen müssen. Dies gibt Ihnen die Freiheit, zu experimentieren und neue Fähigkeiten zu erlernen, während Sie gleichzeitig in Ihrer gewohnten Umgebung bleiben.

Stellen Sie sich das Üben von NLP wie das Spielen eines Instruments vor. Jedes Mal, wenn Sie üben, verbessern Sie sich ein kleines Stückchen. Sie gewinnen an Geschicklichkeit und Sicherheit. Jeder Tag, an dem Sie üben, bringt Sie einen Schritt näher an die Beherrschung dieser mächtigen Kommunikationstechnik. Und genau wie beim Musizieren, bringt jede Übung nicht nur Fortschritt, sondern auch Freude und Zufriedenheit mit sich.

Ganz gleich, wo Sie sich gerade auf Ihrer NLP-Reise befinden, bedenken Sie stets, dass jede Reise mit einem einzigen Schritt beginnt. Und jeder Schritt, den Sie machen, ist ein Sieg. Sie machen Fortschritte. Sie lernen. Sie wachsen.

NLP ist mehr als nur eine Methode oder Technik - es ist eine Lebenshaltung. Es eröffnet Ihnen neue Perspektiven und ermöglicht Ihnen, die Welt und sich selbst mit frischen, aufgeschlossenen Augen zu betrachten. Es gibt Ihnen das Werkzeug an die Hand, um bewusster und effektiver zu kommunizieren und stärkere, tiefere und erfüllendere Beziehungen aufzubauen.

Gehen Sie also mutig voran auf Ihrer NLP-Reise. Nutzen Sie die Gelegenheiten, die das Leben bietet, um zu üben und zu wachsen. Und vergessen Sie nie, dass jede Übung, egal wie klein, ein Schritt in Richtung Meisterschaft ist. Mit Geduld, Beharrlichkeit und Hingabe werden Sie die Früchte Ihrer Anstrengungen ernten und das volle Potential von NLP in Ihrem Leben entfalten.

DAS B.A.G.E.L. MODELL – EIN STARKES TOOL IN DER KOMMUNIKATION

In der Welt der Natürlichen Sprachverarbeitung (= Natural Language Processing) steht das BAGEL-Modell nicht für ein rundes Backwerk, sondern repräsentiert eine effektive Methode zur Analyse der menschlichen Kommunikation. BAGEL ist ein Akronym, das für fünf wesentliche Aspekte steht, die wir beobachten können, um das Denken und die Verhaltensweisen eines Individuums besser zu verstehen. Durch das Verständnis und die Anwendung des BAGEL-Modells kann die Qualität unserer Kommunikation erheblich verbessert werden. Die fünf Elemente von BAGEL repräsentieren die folgenden Kommunikationsdimensionen:

- **B** steht für Body Posture (Körpersprache)
- **A** für Accessing Cues (Zugangshinweise)
- **G** für Gestures (Gesten)
- **E** für Eye Movements (Augenbewegungen)
- **L** für Language Patterns (Sprachmuster)

Jedes dieser Elemente liefert wertvolle Einblicke in die Denkprozesse und Verhaltensweisen eines Individuums. Die Körpersprache eines Individuums bietet wertvolle Einblicke in dessen Gedanken und Gefühle. Durch die genaue Beobachtung der Körperhaltung, der Körperspannung und der Bewegung eines Individuums können wir eine Fülle von Informationen gewinnen.

Zugangshinweise beziehen sich auf subtile Zeichen, die Aufschluss darüber geben, wie eine Person Informationen verarbeitet. Sie können sich in Mimik, Stimmqualität, Atemmuster und Kopfhaltung manifestieren. Durch die Beachtung dieser Hinweise können wir eine bessere Vorstellung von der inneren Welt eines Individuums bekommen.

Gesten: Das 'G' in BAGEL

Gesten, insbesondere Handbewegungen, können uns wertvolle Hinweise auf die emotionalen und kognitiven Zustände eines Individuums geben. Die Art und Weise, wie eine Person gestikuliert, kann Aufschluss über ihre Gedanken und Gefühle geben.

6. Augenbewegungen: Das 'E' in BAGEL

Augenbewegungen können Hinweise darauf geben, wie ein Individuum Informationen verarbeitet und erinnert. Während die Augenbewegungen alleine nicht darauf hindeuten, ob jemand lügt oder die Wahrheit sagt, können sie uns dennoch Hinweise auf die Denkprozesse einer Person geben.

7. Sprachmuster: Das 'L' in BAGEL

Die Analyse der von einer Person verwendeten Wörter und Sprachmuster kann uns viel über ihre Denkmuster und ihr bevorzugtes Repräsentationssystem verraten. Durch das Zuhören und Erkennen dieser Muster können wir ein tieferes Verständnis der Perspektive eines Individuums gewinnen.

8. Die Bedeutung von BAGEL: Wichtige Erkenntnisse

Insgesamt bietet das BAGEL-Modell einen strukturierten Ansatz zur Analyse und Verbesserung der menschlichen Kommunikation. Durch die Beachtung der fünf Elemente von BAGEL können wir das primäre Repräsentationssystem eines Individuums identifizieren und unsere Kommunikationsstrategien entsprechend anpassen. Durch das Verständnis und die Anwendung des BAGEL-Modells können wir nicht nur effektiver kommunizieren, sondern auch tiefergehende Beziehungen zu unseren Mitmenschen aufbauen.

Lassen Sie uns das BAGEL-Modell anhand eines alltäglichen Beispiels betrachten. Nehmen wir an, Sie treffen sich mit einem Freund zum Kaffee.

- ✓ B (Body Posture - Körpersprache): Sie bemerken, dass Ihr Freund sich in seinem Stuhl zurücklehnt und seine Arme über der Brust kreuzt. Sein Körper ist leicht von Ihnen abgewandt.

- ✓ A (Accessing Cues - Zugangshinweise): Sie bemerken eine Veränderung in seinem Gesichtsausdruck. Seine Augenbrauen sind leicht zusammengezogen, und seine Stimme klingt ein wenig angespannt.

- ✓ G (Gestures - Gesten): Während des Gesprächs bemerken Sie, dass Ihr Freund mehrmals sein Kinn reibt und mit seiner Tasse spielt.

- ✓ E (Eye Movements - Augenbewegungen): Sein Blick wandert oft ab, und er scheint mehr auf die Tischplatte als auf Sie zu schauen.

- ✓ L (Language Patterns - Sprachmuster): Sie hören, dass er Worte wie "ich denke" oder "ich vermute" anstelle von definitiveren Ausdrücken wie "ich weiß" oder "ich bin sicher" verwendet.

Indem Sie das BAGEL-Modell anwenden, kommen Sie möglicherweise zu dem Schluss, dass Ihr Freund sich in irgendeiner Weise unwohl fühlt. Seine Körperhaltung und Gesten deuten auf eine defensive oder unsichere Haltung hin.

Seine ablenkenden Augenbewegungen und vagen Sprachmuster könnten darauf hindeuten, dass er sich unsicher ist oder dass etwas in seinem Kopf vorgeht, was er vielleicht nicht direkt ausdrücken will.

Dies gibt Ihnen die Möglichkeit, sensibel auf seine Emotionen einzugehen und ihm möglicherweise zu helfen, sich sicherer und verständlicher zu fühlen. Sie könnten zum Beispiel sagen: "Du scheinst etwas auf dem Herzen zu haben. Möchtest du darüber sprechen?" Durch die Anwendung des BAGEL-Modells können Sie die subtilen Hinweise in der Kommunikation Ihres Freundes erkennen und entsprechend reagieren.

Mit der Zeit und durch kontinuierliche Anwendung kann das BAGEL-Modell zu einer nahezu instinktiven Praxis werden. Sie beginnen, die zugrunde liegenden Muster der menschlichen Kommunikation intuitiv wahrzunehmen und zu interpretieren.

Ein Großteil unserer Kommunikation findet auf einer nonverbalen Ebene statt. Viele Menschen, auch ohne ausdrückliche Kenntnisse in NLP, haben oft ein intuitives Gespür für diese subtilen Signale. Sie sind in der Lage, Körpersprache, Mimik, Tonfall und Sprachmuster zu lesen und zu interpretieren, um ein tieferes Verständnis für die Emotionen und Absichten ihres Gegenübers zu entwickeln. Dies ist ein natürlicher Teil der menschlichen Interaktion, eine Fähigkeit, die wir im Laufe unseres Lebens ständig verfeinern und schärfen.

Das BAGEL-Modell bietet jedoch eine systematische und strukturierte Methode, um diese Fähigkeiten weiterzuentwickeln und zu professionalisieren. Indem Sie bewusst auf die BAGEL-Komponenten achten und sie gezielt in Ihrer Kommunikation anwenden, können Sie Ihre Empathie und Ihr Verständnis für andere Menschen auf ein neues Level heben.

Diese bewusste Anwendung kann anfangs eine Herausforderung sein, vor allem wenn Sie gleichzeitig auf mehrere Aspekte achten. Aber wie bei jeder Fertigkeit, wird sie mit der Übung einfacher und schließlich zu einer zweiten Natur. Sie werden feststellen, dass Sie automatisch die Körpersprache, die Augenbewegungen, die Gesten, die Sprachmuster und die sonstigen Zugangshinweise wahrnehmen und interpretieren.

Es ist wichtig zu betonen, dass das BAGEL-Modell kein Werkzeug ist, um Menschen zu manipulieren, sondern vielmehr ein Weg, um Empathie, Verständnis und effektive Kommunikation zu fördern. Es geht darum, eine Verbindung auf einer tieferen Ebene herzustellen und das menschliche Verhalten besser zu verstehen, um eine offenere und ehrlichere Kommunikation zu ermöglichen.

DAS META-MODELL DER SPRACHE

Das Meta-Modell der Sprache stellt einen wichtigen Baustein im Bereich des Neurolinguistischen Programmierens dar. Es dient als Werkzeug zur Verbesserung der Kommunikation, indem es hilft, tiefer in die Aussagen eines Menschen einzudringen und eine klarere Verbindung zu seiner persönlichen Erfahrungswelt herzustellen. Milton H. Erickson, ein bekannter Psychotherapeut, brachte einmal zum Ausdruck, dass viele Menschen den Bezug zu sich selbst verloren haben. Das Meta-Modell der Sprache kann dazu beitragen, diesen Bezug wiederherzustellen.

Missverständnisse in der menschlichen Kommunikation sind keine Seltenheit. Sie entstehen häufig, wenn der Sender einer Nachricht davon ausgeht, dass der Empfänger denselben Kontext oder Hintergrund hat wie er selbst. Wenn jedoch entscheidende Informationen fehlen, die für den Sender offensichtlich, für den Empfänger aber unbekannt sind, kann dies zu einer Störung in der Kommunikation führen.

Drei übliche Muster, die zu Verwirrung und Fehlkommunikation führen, sind

- **Auslassungen**: Auslassungen treten auf, wenn wichtige Informationen in einer Aussage fehlen, was dazu führen kann, dass der Zuhörer Rückschlüsse zieht, um die Lücken zu füllen. Ein Beispiel für eine Auslassung könnte der Satz sein: "Er war sauer." In diesem Satz fehlen die Informationen darüber, wer "er" ist und warum er sauer war. Die ausgelassenen Informationen könnten durch gezielte Fragen, wie "Wer war sauer?" und "Was hat ihn verärgert?", geklärt werden.

- **Generalisierungen**: Generalisierungen treten auf, wenn spezifische Informationen durch allgemeine Aussagen ersetzt werden. Ein Beispiel für eine Generalisierung könnte der Satz sein: "Alle Menschen lügen." Dieser Satz ist eine Verallgemeinerung, weil er eine Aussage über alle Menschen trifft, die nicht wahrheitsgemäß sein kann. Die Aussage könnte durch Fragen wie "Wer genau hat gelogen?" oder "In welcher Situation haben diese Menschen gelogen?" konkretisiert werden.

- **Verzerrungen**: Verzerrungen treten auf, wenn die Wahrheit auf eine Weise dargestellt wird, die nicht der Realität entspricht. Ein Beispiel für eine Verzerrung könnte der Satz sein: "Sie hat mich dazu gebracht, den Kuchen zu essen." In diesem Satz wird die Verantwortung für das Essen des Kuchens auf die andere Person verlagert, obwohl die Entscheidung, den Kuchen zu essen, letztendlich vom Sprecher getroffen wurde. Eine klärende Frage könnte sein: "Wie genau hat sie dich dazu gebracht, den Kuchen zu essen?" oder "Hattest du die Möglichkeit, nein zu sagen?".

Diese Beispiele dienen dazu, das Verständnis der verschiedenen Arten von sprachlichen Mustern zu veranschaulichen, die im Meta-Modell der Sprache des NLP identifiziert wurden. Durch das Stellen gezielter Fragen kann man mehr Klarheit und Verständnis in der Kommunikation erlangen und somit die Qualität der menschlichen Interaktion verbessern. Auslassungen, Verallgemeinerungen und Verzerrungen. Das Meta-Modell stellt eine Reihe von Fragen zur Verfügung, um diese Muster zu identifizieren und zu klären, wodurch ein tieferes Verständnis der ursprünglichen Aussage ermöglicht wird.

Die meisten Menschen lassen, oft unbewusst, Informationen weg, übergeneralisieren oder verzerren die Wahrheit, wenn sie sprechen. Dadurch kann die übermittelte Nachricht stark von der ursprünglich gemeinten Aussage abweichen. Um Missverständnisse zu vermeiden, ist es wichtig, die fehlenden Informationen wieder aufzudecken.

Wenn wir unsere Erfahrungen an andere weitergeben, selektieren wir normalerweise, welche Teile wir teilen und welche wir weglassen. Diese Auswahlprozesse geschehen in der "Tiefenstruktur" unserer Sprache, einem Begriff, der das gesamte Spektrum unserer Erfahrungen repräsentiert. Die "Oberflächenstruktur" hingegen repräsentiert die Teile unserer Erfahrung, die wir tatsächlich kommunizieren.

Diese Filterungsprozesse können jedoch dazu führen, dass wichtige Informationen verloren gehen und unsere Sicht der Welt und unsere Handlungsfähigkeit eingeschränkt wird. Diese eingeschränkte Kommunikation wird oft als Meta-Modell-Verletzungen bezeichnet. Mit anderen Worten, Meta-Modell-Verletzungen treten auf, wenn Teile oder Bedeutungen in Sätzen fehlen oder wenn Erfahrungen in übermäßig generalisierter oder verzerrter Form dargestellt werden.

Das Meta-Modell bietet Werkzeuge, um diese Prozesse zu hinterfragen und eine klarere, umfassendere Beschreibung des dargestellten Inhalts zu erhalten. Durch zielgerichtete Fragen kann man den Bezug zwischen der Sprache des Sprechers und seiner vollständigen Erfahrung wiederherstellen und auf diese Weise die Qualität der Kommunikation erheblich verbessern.

DAS MILTON-MODELL

Das Milton-Modell, benannt nach dem renommierten Hypnotherapeuten Dr. Milton Erickson, ist ein Eckpfeiler des NLP. Dr. Milton Erickson war ein amerikanischer Psychiater und Psychotherapeut, der weithin als Pionier und führende Autorität auf dem Gebiet der modernen klinischen Hypnose und der Selbstorganisationsfähigkeiten des Menschen anerkannt ist. Durch seine innovative Nutzung von Sprache und Hypnose zur Beeinflussung und Lenkung menschlicher Verhaltens- und Denkprozesse prägte Erickson entscheidend die Entwicklung der Psychotherapie.

Das Milton-Modell befasst sich mit den Techniken und Mustern der Sprache, die benutzt werden, um die Gedanken- und Gefühlsprozesse auf subtile und effektive Weise zu leiten. Die Methode zielt darauf ab, eine möglichst vage und inhaltsfreie Kommunikation zu erzeugen, um die Kreativität und Lösungsfindung des Hörers zu fördern.

Milton Erickson, bekannt für seine Innovationen in der Psychotherapie, inspirierte auch Richard Bandler und John Grinder zur Weiterentwicklung des NLP. Sie wurden von dem Anthropologen und Sozialwissenschaftler Gregory Bateson auf Erickson aufmerksam gemacht, der die Effektivität von Ericksons Anwendung von Sprache und Hypnose anerkannte. Nach dem Studium von Ericksons Arbeit, modellierten Bandler und Grinder seine Sprachmuster und veröffentlichten ihre Ergebnisse in mehreren Büchern, die sich insbesondere mit Ericksons Hypnotherapie und der Kraft seiner Kommunikation beschäftigten. Das Milton-Modell ist im Wesentlichen eine systematische Darstellung der Sprachmuster und Techniken, die Erickson angewandt hat.

Dabei geht es weniger um konkrete, inhaltliche Informationen als vielmehr um die Art und Weise, wie diese präsentiert werden. Viele der Techniken des Milton-Modells stellen bewusste Verletzungen des Meta-Modells dar. Während das Meta-Modell darauf abzielt, durch gezielte Fragen mehr Klarheit und Detailgenauigkeit in der Kommunikation zu erreichen, verwendet das Milton-Modell absichtlich vage und allgemeine Aussagen, um die Vorstellungskraft des Hörers zu stimulieren und individuelle Interpretationen zu ermöglichen.

Durch den Einsatz des Milton-Modells kann die Kommunikation auf einer tieferen, prozessorientierten Ebene beeinflusst werden, wodurch Menschen dazu angeregt werden, neue Denkmuster und Lösungsansätze zu entdecken. Das Milton-Modell ist somit ein mächtiges Werkzeug für Führungskräfte, Therapeuten, Coaches und alle, die effektiv und einflussreich kommunizieren möchten.

Milton Ericksons hypnotische Sprachmuster waren ein wesentlicher Teil seiner therapeutischen Methodik und haben stark zur Entwicklung des Milton-Modells im NLP beigetragen. Hier sind einige seiner bekanntesten Sprachmuster:

- **Nominalisierungen**: Diese Technik beinhaltet die Umwandlung von Verben (Aktionen) in Nomen (Dinge), wodurch konkrete Prozesse in abstrakte Konzepte verwandelt werden. Nominalisierungen, wie "Liebe", "Freude", "Frieden", verlangen vom Hörer eine innere Repräsentation, um sie vollständig zu verstehen. Beispielsatz: "Jeder hat das Recht auf Glück, Liebe und Zufriedenheit, und niemand liebt auf die gleiche Weise wie du."

- **Unspezifische Verben:** Bei dieser Technik werden Verben verwendet, die absichtlich vage und unbestimmt sind. Sie geben nur wenig Information darüber, wie eine bestimmte Aktion ausgeführt wird. Beispielsatz: "Du könntest dir erlauben, etwas Neues zu entdecken, und dadurch könnte sich dein Leben verändern."

- **Vergleichende Tilgungen:** Durch die Tilgung von Vergleichen kann die Intensität der gewünschten Reaktion beeinflusst werden. Beispielsatz: "Du könntest bemerken, dass es dir leichter fällt, dich wohlzufühlen und wie sich Dinge in deinem Leben leichter verändern."

- **Unspezifizierte Referenzen:** Bei diesem Muster bleibt der Bezug, auf den sich die Aussage bezieht, vage oder unbestimmt. Dies kann dazu führen, dass der Hörer die Aussage auf sich selbst bezieht. Beispielsatz: "Es gibt viele, die sich gerne an die schönen Dinge erinnern."

- **Vollständige Tilgungen:** In diesem Muster fehlen die Objekte oder das Subjekt, auf das sich die Aussage bezieht, komplett. Dies zwingt den Hörer, die Lücken mit eigenen Erfahrungen oder Vorstellungen zu füllen. Beispielsatz: "Vielleicht wirst du überrascht sein, wie zuversichtlich du sein kannst."

Diese Sprachmuster sind mächtige Werkzeuge in der hypnotischen Kommunikation und können dazu beitragen, den Weg für Veränderungen und Lösungen zu ebnen.

Es ist jedoch wichtig zu beachten, dass die Wirksamkeit dieser Muster stark von der Fähigkeit des Kommunikators abhängt, sie in einem geeigneten Kontext und auf eine Weise anzuwenden, die das Wohl und die Ziele des Hörers respektiert und unterstützt.

Semantische Fehlgeformtheit: Die Macht der Worte

Die menschliche Sprache ist ein beeindruckendes Werkzeug der Kommunikation und des Ausdrucks, aber sie ist nicht perfekt. Manchmal können Sätze, die grammatisch korrekt sind, dennoch eine unlogische oder widersprüchliche Bedeutung haben. Dieses Phänomen wird als semantische Fehlgeformtheit bezeichnet. In diesem Artikel werden wir untersuchen, wie diese Anomalien auftreten und welche Rolle sie in unserem Verständnis der Sprache spielen.

Verstehen der semantischen Fehlgeformtheit

Sätze, die semantische Fehlgeformtheiten aufweisen, sind in der Regel grammatikalisch korrekt, spiegeln aber ein unrealistisches oder unlogisches Verständnis der Welt wider. Ein klassisches Beispiel ist der Satz "Der aktuelle König von Frankreich ist kahl". Dieser Satz ist grammatikalisch korrekt, aber er ist semantisch fehlgeformt, da es keinen aktuellen König von Frankreich gibt und daher die Aussage keine sinnvolle Bedeutung haben kann.

Der kausale Modellierungsprozess

Unsere Art, die Welt zu verstehen, wird stark durch den kausalen Modellierungsprozess beeinflusst, den wir anwenden. Diese Prozesse verwenden oft kausale Verknüpfungen wie "und", "oder", "weil" und andere, um Informationen in einem ursächlichwirkungsvollen Rahmen darzustellen. Dieses Modell hilft uns dabei, eine Vielzahl von Informationen in einer logischen und strukturierten Art und Weise zu verarbeiten. Beispielsweise könnte man sagen: "Wenn du diesen Artikel liest, erweiterst du dein Wissen". Hier koppelt der kausale Modellierungsprozess das Lesen des Artikels (die Ursache) mit der Erweiterung des Wissens (die Wirkung).

Gedankenlesen als semantische Fehlgeformtheit

Eine der gebräuchlichsten Formen der semantischen Fehlgeformtheit ist das sogenannte "Gedankenlesen". Hierbei handelt es sich um Aussagen, die den Eindruck erwecken, als wüsste der Sprecher etwas über die Gedanken oder Gefühle des Zuhörers. Ein Beispiel könnte sein: "Ich weiß, dass du jetzt darüber nachdenkst, was zum Abendessen zu kochen". Dieser Satz könnte richtig oder falsch sein, aber der Sprecher hat keine Möglichkeit, das sicher zu wissen, und daher ist die Aussage semantisch fehlgeformt.

Verlorener Sprecher und Generalisierungen

Eine weitere Form der semantischen Fehlgeformtheit entsteht durch den Einsatz von verlorenen Sprechern und Generalisierungen. Beispielsweise könnte jemand sagen: "Es ist allgemein bekannt, dass Katzen Mäuse hassen". Hier ist unklar, wer diese Behauptung aufgestellt hat ("verlorener Sprecher"), und die Aussage ist eine ungenaue Verallgemeinerung, da nicht alle Katzen Mäuse hassen.

Die Bedeutung semantischer Fehlgeformtheiten

Obwohl semantische Fehlgeformtheiten auf den ersten Blick wie Fehler oder Ungenauigkeiten erscheinen mögen, haben sie tatsächlich eine wichtige Rolle in unserer Sprache und Kommunikation. Sie können uns helfen, die Grenzen und Unvollkommenheiten unserer Sprache besser zu verstehen und zu erkennen, wann und wie wir unsere Worte mit Vorsicht wählen müssen. Darüber hinaus können semantische Fehlgeformtheiten auch eine kreative und humorvolle Rolle in der Sprache spielen. Viele Wortspiele und Witze basieren auf semantischen Fehlgeformtheiten und spielen mit den Erwartungen und Annahmen der Zuhörer.

Nehmen wir an, Sie sind Manager in einem Unternehmen und ein Teammitglied sendet Ihnen eine E-Mail mit folgendem Inhalt: "Es ist allgemein bekannt, dass das neue Verfahren ineffizient ist." Hier haben wir eine semantische Fehlgeformtheit in Form einer ungenauen Generalisierung und eines "verlorenen Sprechers". Wer genau behauptet, dass das Verfahren ineffizient ist? Sind es alle Mitarbeiter oder nur ein paar? Ist diese Aussage auf persönlichen Erfahrungen oder auf allgemeinen Daten basiert?
Anstatt die Aussage einfach hinzunehmen, könnten Sie dem Teammitglied antworten und um Klarstellung bitten: "Ich habe Ihre Bedenken bezüglich der Effizienz des neuen Verfahrens zur Kenntnis genommen. Könnten Sie bitte konkretisieren, auf welchen Erfahrungen oder Daten diese Annahme basiert? Gibt es auch andere Kollegen, die diese Ansicht teilen?"
Durch das Erkennen der semantischen Fehlgeformtheit können Sie eine effektivere und klarere Kommunikation fördern und Missverständnissen vorbeugen. So wird das Verständnis von semantischen Fehlgeformtheiten praktisch einsetzbar und kann dazu beitragen, die Effizienz und Produktivität im Arbeitsumfeld zu steigern.

Semantische Fehlgeformtheiten sind ein faszinierender Aspekt der menschlichen Sprache, der uns viel über die Art und Weise verrät, wie wir die Welt verstehen und darüber kommunizieren.

Obwohl sie manchmal zu Missverständnissen oder Ungenauigkeiten führen können, sind sie auch ein Beweis für die Komplexität und Vielfalt unserer Sprache und ein wichtiger Bestandteil unseres Verständnisses von Kommunikation und Ausdruck.

ANKER SETZEN UND NUTZEN

Im Neurolinguistischen Programmieren (NLP) spielt das Ankern eine zentrale Rolle. Es ist eine Technik, mit der bestimmte emotionale Zustände, Ressourcen oder Verhaltensweisen bewusst aktiviert werden können. Das Ankern ermöglicht es uns, unsere mentalen und emotionalen Zustände zu beeinflussen und sie in verschiedenen Situationen gezielt abzurufen. In diesem Artikel werden wir detailliert erklären, was das Ankern im NLP bedeutet, wie es eingesetzt wird und welche praktischen Anwendungsbeispiele es gibt.

Was bedeutet Ankern konkret?

Ankern im NLP bezieht sich auf den Prozess des bewussten Verknüpfens eines äußeren Reizes (Anker) mit einem spezifischen mentalen oder emotionalen Zustand. Durch wiederholtes Üben wird eine Verbindung zwischen dem Anker und dem Zustand hergestellt, sodass der Anker allein in der Lage ist, den gewünschten Zustand hervorzurufen.

Das Ankern bietet eine Vielzahl von Anwendungsmöglichkeiten und Vorteilen im Bereich der persönlichen Entwicklung und Kommunikation. Hier sind einige der wichtigsten Ziele und Nutzen des Ankerns:

- Steuerung von emotionalen Zuständen: Durch das Ankern können wir uns selbst in positive emotionale Zustände versetzen, wie beispielsweise Selbstvertrauen, Entspannung oder Motivation. Dadurch sind wir besser in der Lage, mit schwierigen Situationen umzugehen und unsere Leistungsfähigkeit zu steigern.

- Überwindung von Ängsten und Blockaden: Das Ankern kann auch verwendet werden, um negative emotionale Zustände wie Angst, Nervosität oder Unsicherheit zu überwinden. Es hilft uns, diese Zustände zu transformieren und durch positive Zustände zu ersetzen.

- Verstärkung von Ressourcen: Mit dem Ankern können wir unsere eigenen Ressourcen, wie zum Beispiel Kreativität, Entschlossenheit oder innere Stärke, stärken und in verschiedenen Situationen abrufen.

- Verbesserung der Kommunikation: Das Ankern kann auch verwendet werden, um positive Zustände bei anderen Menschen zu verankern und somit die Kommunikation und zwischenmenschlichen Beziehungen zu verbessern.

Wie ankert man?

Der Prozess des Ankerns besteht aus mehreren Schritten, die systematisch durchgeführt werden, um eine wirksame Verankerung zu erreichen:

- **Auswahl des Ankers:** Ein Anker kann ein beliebiges Signal oder eine Berührung sein, wie zum Beispiel eine bestimmte Berührung an der Schulter, ein Wort, ein Bild oder eine Geste. Wichtig ist, dass der Anker eindeutig und gut erkennbar ist.

- **Aktivierung des gewünschten Zustands:** Um das Ankern effektiv zu gestalten, ist es erforderlich, den gewünschten Zustand bewusst zu erleben und zu aktivieren. Dies kann durch Erinnerungen an vergangene Erfahrungen oder durch Vorstellungskraft erreicht werden.

- **Verknüpfung von Anker und Zustand:** Während der aktivierten Phase des gewünschten Zustands wird der Anker bewusst und eindeutig ausgelöst, um eine Verbindung zwischen dem Anker und dem Zustand herzustellen. Dieser Schritt wird wiederholt, um die Verankerung zu verstärken.

- **Test der Verankerung:** Nachdem die Verbindung zwischen Anker und Zustand hergestellt wurde, kann die Verankerung getestet werden, indem der Anker allein ausgelöst wird, um den gewünschten Zustand abzurufen. Wenn der Zustand zuverlässig auftritt, ist das Ankern erfolgreich.

Das Ankern kann in verschiedenen Lebensbereichen und Situationen angewendet werden.

- Selbstvertrauen ankern: Durch das Anker setzen, beispielsweise durch eine bestimmte Berührung oder ein Wort, kann man sich selbstvertraute Zustände verankern, die bei Bedarf abgerufen werden können, um in herausfordernden Situationen ruhig und selbstsicher zu bleiben.

- Entspannung ankern: Mit dem Ankern können Zustände der Entspannung und inneren Ruhe erzeugt werden. Ein bestimmtes Bild oder eine spezifische Berührung kann als Anker verwendet werden, um diese Zustände auf Knopfdruck abzurufen, beispielsweise vor einer Präsentation oder einem wichtigen Meeting.

- Motivation ankern: Das Ankern kann genutzt werden, um Zustände der Motivation und Energie zu verankern. Indem man einen spezifischen Anker mit motivierenden Gedanken und Empfindungen verbindet, kann man diese Zustände jederzeit wiederherstellen, um Herausforderungen zu bewältigen oder persönliche Ziele zu verfolgen.

- Umgang mit Angst ankern: Das Ankern kann auch eingesetzt werden, um Ängste zu überwinden. Indem man eine beruhigende Berührung oder ein bestimmtes Wort als Anker verwendet, kann man in angstauslösenden Situationen den Anker aktivieren, um Ruhe und Gelassenheit zu erlangen.

Das Ankern ist ein phänomenales Werkzeug im NLP, da es in der Regel zuverlässig funktioniert, sobald die Verbindung zwischen Anker und Zustand etabliert wurde. Es ist jedoch wichtig zu beachten, dass wie bei jeder Fähigkeit, das Ankern regelmäßige Übung erfordert, um die Wirksamkeit zu maximieren. Durch Wiederholung und bewusste Anwendung kann das Ankern zu einer automatisierten Fähigkeit werden, die jederzeit abgerufen werden kann.

Das Ankern im NLP ist eine kraftvolle Technik, um unsere mentalen und emotionalen Zustände bewusst zu beeinflussen. Es ermöglicht uns, positive Zustände zu verankern, Ängste zu überwinden und unsere Ressourcen zu stärken.

Mit dem Ankern können wir unsere Kommunikation verbessern und persönliche Veränderungen herbeiführen. Durch konsequentes Üben und Anwenden des Ankerns können wir unsere Fähigkeiten im NLP kontinuierlich verbessern und positive Veränderungen in unserem Leben erreichen.

CHAINING ODER AUCH ANKERKETTEN

Chaining, auch als "Ankerkettenbildung" bekannt, ist ein bedeutender Aspekt im Bereich des Neurolinguistischen Programmierens (NLP). Es handelt sich dabei um einen Prozess, bei dem eine Sequenz von "Ankern" - symbolischen oder realen Hinweisen, die einen spezifischen emotionalen oder mentalen Zustand hervorrufen - erstellt wird, um einen Klienten von einem unerwünschten Zustand, wie Langeweile, zu einem gewünschten Zustand, wie Motivation und Aktionismus, zu bewegen.

Die Theorie hinter dieser Methode ist, dass, indem auf einen bestimmten Reiz reagiert wird, wie zum Beispiel Langeweile, eine Kette von Ankern ausgelöst wird, die in kurzer Zeit den gewünschten Zustand hervorruft. Dies ermöglicht es dem Individuum, sofort und effizient auf den ursprünglichen Reiz zu reagieren.

Jeder Anker in der Kette kann innerhalb jedes Repräsentationssystems etabliert werden und kann eine Kombination verschiedener sensorischer Kanäle oder eine Aneinanderreihung unterschiedlicher Eindrücke beinhalten. Auf diese Weise kann der Klient eine positive Reaktion auf einen Reiz hervorrufen, der ursprünglich als negativ wahrgenommen wurde.

Dieser Übergang vom unerwünschten zum gewünschten Zustand wird durch das Auslösen des ersten Ankers ermöglicht, der die Zwischenschritte hervorruft und fast augenblicklich erfolgt. Dabei umgeht der Prozess die Notwendigkeit, diese Phasen tatsächlich zu durchlaufen, was normalerweise länger dauern würde und oft dazu führt, dass man in einem Zustand ohne Ressourcen verharrt.

Stattdessen genügt es, den Anker auszulösen, um den gewünschten Zustand zu erreichen.

Stellen wir uns vor, ein Tennisspieler hat Probleme mit seiner Leistung, weil er oft nervös wird, sobald er auf dem Platz steht. Das Gefühl der Nervosität ist der unerwünschte Zustand, während ein Zustand der Ruhe und Konzentration das gewünschte Ziel ist. Hier könnte Chaining eingesetzt werden, um den Übergang von Nervosität zu Ruhe und Konzentration zu erleichtern. Zunächst würden verschiedene "Anker" erstellt, die jeweils unterschiedliche, aufeinander aufbauende Zustände repräsentieren. Der erste Anker könnte das tiefe einatmen sein, das einen Zustand der Entspannung hervorruft. Der zweite Anker könnte das Bewusstsein der eigenen Körperhaltung sein, das zu einem Gefühl von Selbstsicherheit führt. Der dritte Anker könnte das Visualisieren eines perfekten Schlags sein, was ein Gefühl von Kompetenz und Zuversicht hervorruft. Und schließlich könnte der vierte Anker das Gefühl des Griffs des Tennisschlägers sein, das den Zustand der Konzentration auslöst.

In der Praxis würde der Sportler also bei Gefühlen der Nervosität tief durchatmen, auf seine Haltung achten, sich einen erfolgreichen Schlag vorstellen und dann den Tennisschläger fest greifen. Jeder dieser Schritte würde den nächsten auslösen, wodurch innerhalb von Sekunden ein Wechsel vom Gefühl der Nervosität zu einem Zustand der Ruhe und Konzentration erreicht wird.

Dieses Beispiel zeigt, wie Chaining als eine Reihe schneller mentaler und physischer Reaktionen verwendet werden kann, um unerwünschte Emotionen zu bewältigen und einen gewünschten emotionalen oder mentalen Zustand zu erreichen.

Chaining oder Ankerkettenbildung ist ein mächtiges Werkzeug in NLP, dass es Menschen ermöglicht, schnell und effizient von unerwünschten zu erwünschten Zuständen zu wechseln, indem sie eine sorgfältig aufgebaute Sequenz von Ankern nutzen. Es stellt eine innovative Methode dar, um mentale und emotionale Zustände zu manipulieren und individuelle Reaktionen auf bestimmte Reize zu verbessern.

FUTURE PACE – MODELLIERE DIE ZUKUNFT

Der Future Pace, oft als "Zukunftsanker" im Neurolinguistischen Programmieren (NLP) bezeichnet, ist eine Technik, die dazu dient, eine Verbindung zur zukünftigen Selbstwahrnehmung herzustellen. Diese Methode ermöglicht es dem Klienten, eine zukünftige Situation in einer geistigen Simulation mit den angestrebten Ressourcen zu erleben. Sie schafft ein Bild des künftigen Kontexts, in dem der Klient sein Verhalten ändern möchte.

Mit dem Future Pace geht der Klient auf eine mentale Expedition und erlebt, wie er sich in seiner alltäglichen Umgebung mit den neu erworbenen Ressourcen verhält. Dieser Prozess schlägt die Brücke, die benötigt wird, um das angestrebte Verhalten in der Realität verfügbar zu machen.

Future Pace dient als gleichzeitiger Anker und Übung für das gewünschte Verhalten und wird am Ende einer NLP-Intervention genutzt, um die Effektivität der gewünschten Veränderung zu prüfen. Der Hauptzweck dieses Prozesses besteht darin, sicherzustellen, dass die beabsichtigte Veränderung im richtigen Kontext auf natürliche und automatische Weise stattfinden wird.

Um diesen Prozess zu ermöglichen, wird der Klient dazu ermutigt, sich die zukünftige Situation in all ihren sensorischen Details vorzustellen und zu durchleben. Sollte der Zustand und die physische Reaktion des Klienten während dieses Prozesses nicht positiv bleiben, kann dies als Indikation dafür gewertet werden, dass die Intervention noch nicht vollständig wirksam war und weitere Anpassungen erforderlich sind.

Ein typisches Beispiel für den Einsatz von Future Pace im Alltag ist eine Person, die daran arbeitet, ihr Selbstvertrauen zu verbessern, um öffentlich zu sprechen. Angenommen, diese Person fühlt sich normalerweise nervös und unsicher, wenn sie vor einer Gruppe von Menschen sprechen muss, und möchte durch eine NLP-Intervention ihr Selbstvertrauen stärken.

Hierbei wird der Future Pace angewendet, um das gewünschte Verhalten, also das selbstsichere Sprechen in der Öffentlichkeit, mental zu üben und zu verankern. Die Person wird dazu ermutigt, sich intensiv vorzustellen, wie sie vor einer Gruppe von Menschen steht, tief durchatmet, sich auf ihre kraftvolle Körperhaltung konzentriert und sich ihrer neu gewonnenen Selbstsicherheit bewusst ist. Sie visualisiert, wie sie ihre Rede hält, das Publikum aufmerksam zuhört und sie nach ihrer Rede Applaus erhält.

Dieses geistige Bild, verstärkt durch sensorische Details wie das Gefühl, vor Menschen zu stehen, den Klang ihrer eigenen Stimme, die aufmerksamen Gesichter des Publikums und den Applaus am Ende, dient als Anker für das zukünftige Verhalten. Dieser Prozess der mentalen Wiederholung stärkt das Vertrauen in die eigene Fähigkeit, erfolgreich öffentlich zu sprechen, und schafft eine positive Erwartungshaltung für zukünftige Redesituationen.

Die Faszination von Future Pace liegt in seiner unmittelbaren Wirkung. Sobald die mentale Übung durchgeführt wird, beginnen die Klienten oft, sofortige Veränderungen in ihrer Wahrnehmung und ihrem Verhalten zu bemerken. Sie berichten, dass sie sich selbstsicherer fühlen und weniger Angst vor öffentlichen Reden haben. Da das Gehirn Schwierigkeiten hat, zwischen realen und intensiv visualisierten Erfahrungen zu unterscheiden, wirken diese mentalen Übungen fast genauso stark wie tatsächliche Erfahrungen und können erstaunliche Veränderungen in kurzer Zeit bewirken. In diesem Sinne kann der Future Pace als eine Art "Schnellspur" zur Verhaltensänderung betrachtet werden. Durch den Future Pace erlebt der Klient seine Ziele mehrfach auf sensorisch konkrete Weise. Dies stärkt die Assoziation des Klienten mit seinem Ziel und erhöht die Attraktivität des Ziels. Auf diese Weise wirkt der Future Pace als eine Art mentales Training, das dem Klienten hilft, ein klareres und lebendigeres Bild seiner Zukunft und der gewünschten Veränderungen zu entwickeln. Es unterstützt den Klienten dabei, eine robustere Verbindung zu seinen Zielen herzustellen und ein tieferes Verständnis für die Art und Weise zu entwickeln, wie diese Ziele in der Realität erreicht werden können.

NEW BEHAVIOR GENERATOR

Der New Behavior Generator, auf Deutsch als "Neuer Verhaltensgenerator" zu übersetzen, ist eine Technik im Neurolinguistischen Programmieren (NLP), die darauf abzielt, neue Verhaltensmuster zu modellieren, zu generieren und bestehende zu verändern. Diese Methode ist besonders wertvoll für Individuen, die ein neues Verhalten erlernen möchten und dabei eine Orientierungshilfe, wie ein Vorbild oder eine Leitfigur, benötigen. Dieses Vorbild kann eine reale Person, eine fiktive Figur oder sogar das eigene frühere Verhalten sein, das in der Vergangenheit bereits einmal erfolgreich war.

Die Anwendung des New Behavior Generators beginnt mit einer Phase der Selbstreflexion und Analyse. In dieser Phase setzt man sich mit den eigenen Werten, Überzeugungen und bestehenden Verhaltensmustern auseinander, um ein besseres Verständnis für die eigene aktuelle Verhaltensweise zu bekommen. Dieses Bewusstsein ist wichtig, um Bereiche zu identifizieren, in denen eine Verhaltensänderung wünschenswert ist.

Im nächsten Schritt findet das Modellieren des neuen Verhaltens statt. Hier orientiert man sich an dem gewählten Leitbild und versucht, dessen Verhaltensmuster mental nachzuvollziehen. Man visualisiert, wie dieses Vorbild in bestimmten Situationen agieren würde, und stellt sich vor, dieses Verhalten selbst zu übernehmen.

Die nächste Phase ist die praktische Anwendung des neuen Verhaltens in realen Situationen. Hier wendet man das mental trainierte Verhalten aktiv in der realen Welt an und sammelt erste Erfahrungen damit.

Als Abschluss des Prozesses führt man eine Situationsanalyse durch. Man überlegt, ob man mit dem neuen Verhalten und dessen Auswirkungen zufrieden ist oder ob weitere Anpassungen erforderlich sind. Diese Selbstreflexion hilft dabei, das neu generierte Verhalten weiter zu optimieren und besser an die eigenen Bedürfnisse anzupassen.

Ein konkretes Anwendungsbeispiel ist z.B. ein Manager sein, der sein Leadership-Verhalten verbessern möchte. Er könnte sich dabei an seinem Vorbild orientieren, etwa einem anderen erfolgreichen Manager oder auch einer fiktiven Führungsperson, auch dies ist möglich sich im Geiste ein Role Model zu bilden. Durch die Visualisierung und mentale Nachahmung des gewünschten Verhaltens, gefolgt von der praktischen Umsetzung und anschließender Selbstreflexion, kann der Manager effektiv neue Führungsverhaltensweisen generieren und implementieren.

Der New Behavior Generator ist daher ein äußerst nützliches Werkzeug für Personen, die Veränderungen in ihrem Verhalten herbeiführen möchten und dabei von der Modellierung von Verhaltensmustern profitieren können.

PRALINE-TECHNIK – BILDUNG EINER MOTIVATION

Die Welt des Neurolinguistischen Programmierens (NLP) ist reich an faszinierenden Konzepten und Strategien, die dazu dienen, unser Denken, Fühlen und Verhalten zu optimieren. Eine solche Methode, die durch ihre Einzigartigkeit und Effektivität besticht, ist das sogenannte Praline-Muster. Bei dieser Technik geht es darum, die Art und Weise, wie wir bestimmte Aufgaben oder Verpflichtungen wahrnehmen und erleben, grundlegend zu verändern, indem wir sie mit einer tiefen, intrinsischen Motivation verbinden.

Es ist interessant zu bemerken, dass der Name 'Praline-Muster' nicht zufällig gewählt wurde. Es versucht, eine enge Verbindung zu dem Gefühl des Verlangens und der Vorfreude zu schaffen, dass viele Menschen beim Anblick einer exquisiten Praline verspüren. Dieses Gefühl der unwiderstehlichen Anziehungskraft wird dann auf Aufgaben übertragen, die ursprünglich vielleicht als anstrengend oder wenig anregend empfunden wurden. In diesem Sinne ist das Praline-Muster nicht nur ein Werkzeug zur Steigerung der Motivation, sondern auch zur Förderung der Selbstwirksamkeit und zur Verbesserung des allgemeinen Wohlbefindens. Es ermöglicht Individuen, eine positive Einstellung gegenüber Aufgaben zu entwickeln, die sie sonst vielleicht vermeiden oder nur widerwillig angehen würden. Es lehrt uns, die Herausforderungen des Lebens mit einer Prise Enthusiasmus und einem Hauch von Genuss zu bewältigen, was letztendlich zu einer verbesserten Leistung und einem gesteigerten Lebensgenuss führt.

In den folgenden Abschnitten werden wir tiefer in das Praline-Muster eintauchen und die spezifischen Schritte zur Anwendung dieser Methode vorstellen. Wir werden auch praktische Beispiele liefern, um zu zeigen, wie diese Technik im Alltag angewendet werden kann. Bereiten Sie sich darauf vor, die Kunst, selbst die anspruchsvollsten Aufgaben mit Vergnügen anzugehen, zu erlernen und zu meistern!

Das Praline-Muster ist eine effektive Methode zur Förderung der Motivation und Freude an Aufgaben, die ansonsten als mühsam oder uninteressant angesehen werden könnten. Der Name leitet sich ab von der Vorstellung, dass selbst eine als anstrengend empfundene Aktivität so attraktiv und verlockend gemacht werden kann wie eine köstliche Praline.

Hier ist eine detaillierte Erklärung und Anleitung zur Anwendung des Praline-Musters:

(1) Erstellung eines motivierenden Bilds: Beginnen Sie damit, ein Bild von etwas zu kreieren, das Sie als äußerst verlockend und unwiderstehlich empfinden, beispielsweise das Genießen einer Praline. Bewahren Sie dieses Bild vorläufig auf.

(2) Visualisierung der Aufgabe: Visualisieren Sie sich selbst dabei, wie Sie eine Aufgabe erledigen, bei der Sie sich klar dazu entschlossen haben, sie durchzuführen und die Sie ebenso gut genießen könnten. Hierbei sollten Sie sich aus der Drittperson-Perspektive beobachten.

(3) Ökologie-Check: Überprüfen Sie, ob es einen Teil von Ihnen gibt, der Einwände dagegen hat, dass Sie Freude an der Erfüllung der Aufgabe empfinden, zu der Sie sich verpflichtet haben.

(4) Anwendung des Iris-Musters: Nun kommt der Schlüsselteil des Praline-Musters ins Spiel.

(5) Stellen Sie sich das Aufgabenbild vor, mit dem motivierenden Bild direkt dahinter.

    a. Öffnen Sie schnell eine kleine Öffnung in der Mitte des Aufgabenbildes, durch die Sie das motivierende Bild sehen können. Erweitern Sie diese Öffnung schnell genug, um eine starke emotionale Reaktion auf das motivierende Bild hervorzurufen.

    b. Lassen Sie die Öffnung schnell schrumpfen, aber nur so schnell, wie Sie die emotionale Reaktion auf das motivierende Bild aufrechterhalten können.

    c. Wiederholen Sie die Schritte 4a und 4b mehrere Male, so schnell wie möglich. Ziel ist es, das Gefühl des motivierenden Bildes mit dem des Aufgabenbildes zu verknüpfen.

(6) Test: Betrachten Sie das Bild der Aufgabe erneut. Fühlen Sie sich dazu hingezogen? Wenn nicht, wiederholen Sie Schritt 4 oder kehren Sie zu den vorherigen Schritten zurück, um sicherzustellen, dass Sie die richtigen Elemente haben.

Ein praktisches Anwendungsbeispiel für das Praline-Muster ist typischerweise der Verkäufer, der Schwierigkeiten hat, Kaltakquise-Anrufe zu tätigen, eine Aufgabe, die oft als unangenehm empfunden wird. Mit dem Praline-Muster könnte er sich ein Bild von einer Aktivität machen, die er sehr genießt, zum Beispiel das Angeln an einem ruhigen See.

Dieses Bild des Genusses (Angeln) wird dann mit dem Bild der Aufgabe (Telefonieren) verknüpft, so dass die Aufgabe an Attraktivität gewinnt und das Telefonieren nicht mehr als lästig empfunden wird, sondern mit positiven Gefühlen verbunden wird.

Das Praline-Muster ist ein vielseitig einsetzbares Werkzeug, das sowohl in therapeutischen Kontexten als auch im Geschäftsleben, insbesondere in Bereichen, in denen Motivation und Freude an der Arbeit wichtig sind, genutzt werden kann.

SWISH- TECHNIK – UMKEHR DER EMOTIONEN

Die Swish-Technik, richtig angewendet eine sehr kraftvolle Methode, dient dazu, negatives Denken und unerwünschte Gewohnheiten durch positivere Alternativen zu ersetzen. Sie ermöglicht eine gezielte Neuausrichtung unserer Gedanken und Emotionen und bietet damit einen wirksamen Weg zur Selbststeuerung und persönlichen Veränderung.

Diese Technik baut auf der Grundlage der kognitiven Umstrukturierung auf, einem Schlüsselprinzip in der kognitiven Verhaltenstherapie. Es geht darum, unerwünschte Gedanken oder Bilder durch positivere und erfüllendere Alternativen zu ersetzen. Doch die Swish-Technik geht noch einen Schritt weiter. Sie verbindet das unerwünschte Bild oder den unerwünschten Gedanken nicht nur mit einem positiveren Bild, sondern ermöglicht es uns, dieses positive Bild schnell und automatisch hervorzurufen, sobald wir mit dem negativen Trigger konfrontiert werden.

Dieser Aspekt der Automatisierung ist es, der der Swish-Technik ihre beeindruckende Wirkung verleiht. Durch wiederholte Anwendung der Technik kann unser Gehirn lernen, das unerwünschte Bild sofort und ohne bewusstes Zutun durch das gewünschte Bild zu ersetzen. Damit stellt die Swish-Technik ein mächtiges Instrument zur Förderung von Verhaltensänderungen dar, das sowohl in therapeutischen Kontexten als auch im Alltag eingesetzt werden kann.

Die Anwendungsgebiete der Swish-Technik sind vielfältig. Sie reichen von der Überwindung von Ängsten und Phobien über die Veränderung von Verhaltensmustern bis hin zur Steigerung von Selbstvertrauen und Motivation. Ob es darum geht, Prokrastination zu überwinden, eine gesündere Ernährung zu fördern, das Rauchen aufzugeben oder einfach nur eine positivere Einstellung zum Leben zu entwickeln, die Swish-Technik kann einen bedeutenden Beitrag leisten.

In den folgenden Abschnitten werden wir uns genauer mit den einzelnen Schritten der Swish-Technik auseinandersetzen. Wir werden uns ansehen, wie wir ein unerwünschtes Bild identifizieren, ein positives Ersatzbild schaffen und dann den "Swish" - den schnellen Wechsel von negativ zu positiv - erfolgreich durchführen können. Dabei ist es wichtig zu betonen, dass es verschiedene Varianten der Swish-Technik gibt und dass es darauf ankommt, diejenige Variante zu finden und zu nutzen, die am besten zu den individuellen Bedürfnissen und Zielen passt. Bereiten Sie sich also darauf vor, in die Kunst des "Swishing" einzutauchen und die Macht der positiven Veränderung in Ihr Leben zu bringen.

Bevor wir in die Schritte der Swish-Technik eintauchen, lassen Sie uns ein praktisches Beispiel aus dem Alltag betrachten, bei dem diese Technik hilfreich sein könnte:

Stellen Sie sich vor, Sie haben das Bedürfnis, gesünder zu essen, aber jedes Mal, wenn Sie gestresst sind, greifen Sie zu ungesunden Snacks. Der Anblick der Snacks löst einen starken Wunsch aus, ihnen nachzugeben. Hier könnte die Swish-Technik zur Anwendung kommen, um das Bild des ungesunden Snacks (das Problem-Bild) mit dem Bild von Ihnen, wie Sie gesund essen und sich besser fühlen (das Ziel-Bild), zu ersetzen.

Nun, wie können Sie die Swish-Technik in diesem Kontext praktisch anwenden? Hier sind die Schritte:

- Schritt 1: Identifizieren Sie das Problem-Bild

  Das erste, was Sie tun müssen, ist, das Bild zu identifizieren, das das unerwünschte Verhalten oder die unerwünschte Reaktion auslöst. In unserem Beispiel wäre das der Anblick der ungesunden Snacks. Visualisieren Sie dieses Bild so klar und detailliert wie möglich.

- Schritt 2: Erstellen Sie das Ziel-Bild

  Als nächstes müssen Sie ein positives Bild erstellen, das das gewünschte Verhalten oder die gewünschte Reaktion darstellt. In unserem Beispiel könnte das ein Bild von Ihnen sein, wie Sie gesund essen und sich energetisch und zufrieden fühlen. Stellen Sie sicher, dass dieses Bild attraktiv und motivierend ist.

- Schritt 3: Kombinieren Sie die beiden Bilder

  Nun ist es an der Zeit, die beiden Bilder zu kombinieren. Stellen Sie sich das Problem-Bild vor, aber stellen Sie sich dieses Bild kleiner und weniger deutlich vor. Stellen Sie sich nun das Ziel-Bild vor, aber dieses Mal größer, heller und attraktiver. Platzieren Sie das kleinere Problem-Bild in einer Ecke des Zielbildes.

- Schritt 4: Führen Sie den "Swish" durch

  Jetzt kommt der entscheidende Schritt, der "Swish". Stellen Sie sich vor, wie das Problem-Bild schnell wächst und das Ziel-Bild überdeckt, während gleichzeitig das Ziel-Bild schrumpft und in der Ecke des Problem-Bildes landet. Führen Sie diesen Schritt mehrmals schnell hintereinander durch. Das Ziel ist, dass Sie automatisch das Ziel-Bild vor Augen haben, sobald Sie an das Problem-Bild denken.

- Schritt 5: Testen Sie das Ergebnis
  Schließlich sollten Sie das Ergebnis testen. Denken Sie an das ursprüngliche Problem-Bild. Kommt das Ziel-Bild sofort in den Sinn? Wenn ja, dann hat die Swish-Technik funktioniert. Wenn nicht, wiederholen Sie die Schritte 3 und 4.

Die Swish-Technik erfordert einige Übung, kann aber sehr effektiv sein, um unerwünschte Verhaltensweisen und Gedankenmuster zu verändern. Seien Sie geduldig mit sich selbst und erinnern Sie sich daran, dass die Veränderung Zeit braucht. Mit Ausdauer und Praxis kann die Swish-Technik ein mächtiges Werkzeug für positive Veränderungen in Ihrem Leben werden. Die Swish-Technik ist ein bemerkenswert wirkungsvolles Instrument, dass verwendet wird, um unser Denken und unsere Verhaltensmuster zu verändern. Sie bietet uns eine effiziente Methode, um Veränderungen in unserem Leben zu bewirken und somit unseren Alltag zu verbessern. Die Schönheit der Swish-Technik liegt in ihrer Fähigkeit, uns zu befähigen, uns von negativen Gedanken und Verhaltensweisen, die uns zurückhalten oder behindern, zu befreien und stattdessen positive und motivierende Bilder zu fördern, die uns dazu ermutigen, unsere Ziele zu erreichen.

Wenn wir im Alltag auf Aufgaben stoßen, die wenig attraktiv oder sogar abschreckend erscheinen, kann die Swish-Technik helfen, diese negativen Empfindungen zu transformieren. Sie ermöglicht es uns, die Perspektive zu ändern und den Fokus auf die positive Seite einer Aufgabe zu legen, indem wir die Vorstellung von Erfolg und Zufriedenheit hervorrufen. Mit dieser Technik können wir unser Unterbewusstsein trainieren, um unerwünschte Reaktionen durch gewünschte zu ersetzen.

Die Anwendung der Swish-Technik kann jedoch weit über alltägliche Aufgaben hinausgehen. Sie kann auch genutzt werden, um persönliche Hindernisse zu überwinden, wie z.B. Selbstzweifel, Ängste oder ungesunde Gewohnheiten. Durch das Ersetzen dieser negativen Bilder und Gefühle durch positive und ermutigende können wir den Weg zu einer konstruktiven Veränderung ebnen.

Es ist wichtig zu bedenken, dass, obwohl die Swish-Technik eine mächtige Methode zur Verhaltensänderung ist, sie, wie alle Techniken, Übung und Geduld erfordert. Es ist nicht ungewöhnlich, dass Sie diese Technik mehrmals anwenden müssen, bevor Sie die gewünschten Veränderungen bemerken. Aber mit Ausdauer und Engagement können Sie lernen, diese Technik effektiv zu nutzen und so Ihr Leben nachhaltig zu verbessern. Die Swish-Technik ist somit ein wertvolles Werkzeug in Ihrem NLP-Arsenal. Sie ermöglicht es Ihnen, die Kontrolle über Ihre Gedanken und Gefühle zu übernehmen und positive Veränderungen in Ihrem Leben zu bewirken. Durch ihre Anwendung können Sie Ihre negativen Muster durchbrechen und ein gesünderes, zufriedeneres und produktiveres Leben führen. Letztendlich bietet die Swish-Technik eine mächtige Möglichkeit, Ihr eigenes Leben in die Hand zu nehmen und Ihren Weg zu persönlichem und beruflichem Erfolg zu ebnen.

REFRAMING: DIE KUNST DER BEDEUTUNGSÄNDERUNG

Im Neurolinguistischen Programmieren spielt das Reframing eine bedeutende Rolle. Reframing bezieht sich darauf, einer Erfahrung oder einem Verhalten eine neue Bedeutung und einen neuen Rahmen zu geben. Es ermöglicht uns, alternative Perspektiven einzunehmen und somit unsere Sichtweise auf die Welt zu erweitern. In diesem Leitartikel werden wir das Reframing im NLP ausführlich erklären und verdeutlichen, warum es sowohl für das NLP als auch für persönliches Wachstum von großer Bedeutung ist. Reframing bedeutet wörtlich übersetzt, einen neuen Rahmen um ein Bild oder eine Erfahrung zu setzen. Im Kontext des NLP bezieht es sich darauf, einer Situation oder einem Verhalten eine andere Bedeutung zu geben, als sie ursprünglich hatte. Es geht darum, unsere Wahrnehmung zu verändern und alternative Interpretationen zu finden, die uns ermöglichen, positivere Zustände und Verhaltensweisen zu erreichen.

Das Reframing ist sowohl für das NLP als auch für persönliches Wachstum von großer Bedeutung aus folgenden Gründen:

- Erweiterung der Perspektive: Durch das Reframing sind wir in der Lage, unsere Perspektive zu erweitern und neue Blickwinkel einzunehmen. Indem wir eine Situation aus verschiedenen Blickwinkeln betrachten, können wir neue Lösungsansätze finden und unser Verständnis vertiefen.

- Veränderung der Bedeutung: Das Reframing ermöglicht es uns, einer Situation oder einem Verhalten eine andere Bedeutung zu geben.

Indem wir unsere Bewertungen und Interpretationen ändern, können wir negative Erfahrungen in positive Lernerfahrungen umwandeln und unser Verhalten und unsere Gefühle positiv beeinflussen.

- Schaffung neuer Wahlmöglichkeiten: Durch das Reframing eröffnen sich uns neue Wahlmöglichkeiten. Indem wir die Bedeutung einer Situation verändern, können wir alternative Handlungsweisen entwickeln und unsere Reaktionen bewusster steuern.

- Förderung von Flexibilität und Anpassungsfähigkeit: Reframing fördert Flexibilität und Anpassungsfähigkeit. Indem wir unsere Denkmuster erweitern und neue Perspektiven einnehmen, sind wir besser in der Lage, uns an neue Situationen anzupassen und mit Veränderungen umzugehen.

Reframing ist eine kraftvolle Technik, wenn man sie beherrscht. Es ermöglicht uns, unsere eigene Landkarte der Realität zu erweitern und negative Zustände in positive umzuwandeln. Hier sind einige praktische Beispiele für die transformative Kraft des Reframings:

- Umdeutung von Problemen: Anstatt Probleme als Hindernisse zu betrachten, können wir sie als Herausforderungen und Chancen für Wachstum und Entwicklung sehen. Indem wir die Bedeutung von Problemen neu interpretieren, eröffnen wir uns neue Lösungswege und werden kreativer in der Problembewältigung.

- Perspektivwechsel in Konfliktsituationen: In Konflikten können wir durch Reframing verschiedene Standpunkte einnehmen und die Situation aus der Sicht anderer Menschen betrachten. Dadurch entwickeln wir Verständnis und Empathie, was zu einer konstruktiven Lösungsfindung beiträgt.

- Veränderung von Glaubenssätzen: Limitierende Glaubenssätze können durch Reframing transformiert werden. Indem wir eine neue Bedeutung und Perspektive auf unsere Überzeugungen legen, können wir positive Glaubenssätze entwickeln, die uns bei der Verfolgung unserer Ziele und Träume unterstützen.

- Neubewertung von Misserfolgen: Durch das Reframing können wir Misserfolge als Lernchancen betrachten und aus ihnen wertvolle Erkenntnisse ziehen. Anstatt uns von Rückschlägen entmutigen zu lassen, können wir sie als Teil des Lernprozesses sehen und unsere Strategien entsprechend anpassen.

Reframing im NLP ist eine sehr effektive Methode, um unsere Wahrnehmung zu erweitern, neue Wahlmöglichkeiten zu schaffen und positive Veränderungen herbeizuführen. Indem wir einer Situation eine neue Bedeutung geben, können wir unsere Emotionen, Gedanken und Handlungen beeinflussen und uns persönlich weiterentwickeln. Das Beherrschen des Reframings erfordert Übung und bewusstes Anwenden, aber es ist eine Fähigkeit, die uns enorme Freiheit und Möglichkeiten bietet. Nutzen wir die transformative Kraft des Reframings, um unser volles Potenzial auszuschöpfen und ein erfülltes Leben zu führen.

SIX-STEP REFRAMING

Das Six-Step Reframing ist eine Methode im NLP, die darauf abzielt, Verhaltensweisen zu ändern, indem sie die positiven Absichten hinter negativen oder unerwünschten Verhaltensweisen identifiziert und alternative, wünschenswertere Verhaltensweisen vorschlägt, die die gleiche positive Absicht erfüllen. Dieser Ansatz beruht auf der Idee, dass unerwünschtes Verhalten oft durch unbewusste "Teile" oder Aspekte unseres Selbst ausgelöst wird, die durchaus positive Absichten haben, aber auf eine Weise handeln, die als problematisch empfunden wird.

Das Six-Step Reframing kann in einer Vielzahl von Kontexten nützlich sein, einschließlich der Bewältigung von Angewohnheiten wie Nägelkauen, chronischem Geldmangel, Krankheiten, Phobien und Beziehungsproblemen. Es ist besonders effektiv bei der Umwandlung von Verhaltensweisen, die von einem Individuum als störend empfunden werden, aber bisher nicht erfolgreich geändert werden konnten.

Aus der Sicht eines NLP-Profis besteht das Six-Step Reframing aus sechs Schritten. Obwohl diese manchmal in 3 bis 9 Schritte aufgeteilt werden, je nach der spezifischen Quelle und Interpretation, hier ist eine allgemeine Übersicht über die sechs Schritte:

- ✓ **Problem identifizieren:** Zuerst muss das problematische Verhalten oder die Emotion identifiziert werden. Dieses wird als "ES" bezeichnet und sollte einen neutralen oder positiven Namen haben, der die Möglichkeit der Transformation impliziert.

- ✓ **Kommunikation etablieren, Ja/Nein Signale klären:**
  In diesem Schritt geht es darum, eine Kommunikation mit
  dem "ES" herzustellen. Dies geschieht durch die
  Aufforderung an das "ES", eine Ja- oder Nein-Antwort auf
  Fragen wie "Bist du derjenige Teil, der für mein Verhalten
  verantwortlich ist?" zu geben.

- ✓ **Positive Absicht herausarbeiten:** Hier geht es darum,
  die positive Absicht des "ES" zu ermitteln. Man fragt das
  "ES", ob es eine positive Absicht hat und ob es bereit ist,
  alternative Verhaltensweisen auszuprobieren, die seine
  positive Absicht erfüllen könnten.

- ✓ **Kreativen Teil einbinden, Neue Wege suchen:** An
  diesem Punkt wird der "kreative Teil" des Individuums
  eingeladen, alternative Verhaltensweisen zu entwickeln,
  die die positive Absicht des "ES" erfüllen können.

- ✓ **Öko Check, Teilekonferenz:** Jetzt wird überprüft, ob es
  andere Teile des Selbst gibt, die Einwände gegen die
  vorgeschlagenen alternativen Verhaltensweisen haben.
  Wenn es solche gibt, wird eine Teilekonferenz einberufen,
  um diese Bedenken zu besprechen und weitere
  Alternativen zu entwickeln.

- ✓ **Vereinbarung, Integration, Future pace:** Schließlich
  wird eine Vereinbarung mit dem "ES" getroffen, dass es
  sich für die neuen Verhaltensweisen einsetzen wird. Dieser
  Schritt beinhaltet auch eine "Zukunftsschau", bei der sich
  das Individuum vorstellt, wie es sich anfühlen wird, die
  neuen Verhaltensweisen anzuwenden.

Nehmen wir an, jemand kämpft mit der Angewohnheit des Nägelkauens. Hier ist, wie das Six-Step Reframing in diesem Kontext angewendet werden könnte:

1. Problem identifizieren: Die Person erkennt, dass sie das Nägelkauen stoppen möchte und identifiziert das als ihr "ES".
2. Kommunikation etablieren, Ja/Nein Signale klären: Die Person stellt eine Verbindung zu ihrem "ES" her und bestätigt, dass dieses für das Nägelkauen verantwortlich ist.
3. Positive Absicht herausarbeiten* Die Person fragt das "ES", ob es eine positive Absicht hat, und entdeckt, dass das Nägelkauen eine Methode zur Stressbewältigung ist.
4. Kreativen Teil einbinden, Neue Wege suchen: Der kreative Teil der Person schlägt alternative Stressbewältigungsstrategien vor, wie tiefe Atemübungen oder Yoga.
5. Öko Check: Die Person überprüft, ob es andere Teile gibt, die Einwände gegen diese Alternativen haben. Wenn nicht, geht sie weiter zum nächsten Schritt.
6. Vereinbarung, Integration, Future pace: Die Person trifft eine Vereinbarung mit ihrem "ES", dass sie anstelle des Nägelkauens die alternativen Stressbewältigungsstrategien einsetzen wird. Sie stellt sich vor, wie es sich anfühlen wird, wenn sie diese neuen Strategien in Zukunft einsetzt.

Die Person würde dann diese neuen Strategien in ihrem täglichen Leben ausprobieren und die Wirksamkeit dieser neuen Verhaltensweisen evaluieren. Im Laufe der Zeit könnte sie feststellen, dass sie weniger dazu neigt, an ihren Nägeln zu kauen, und dass sie erfolgreich neue Wege gefunden hat, um mit Stress umzugehen.

Durch das Six-Step Reframing ist es möglich, unerwünschtes Verhalten zu ändern, indem man die positiven Absichten hinter diesem Verhalten anerkennt und würdigt und gleichzeitig neue, gesündere Verhaltensweisen zur Erfüllung dieser Absichten findet.

Das Six-Step Reframing ist eine äußerst nützliche Methode im NLP-Repertoire, um unerwünschtes Verhalten zu ändern und persönliches Wachstum zu fördern. Es ermöglicht uns, tiefer in unser Unterbewusstsein einzudringen und positive Absichten hinter problematischen Verhaltensweisen zu erkennen. Es ehrt die ursprüngliche Absicht unserer Handlungen und ermöglicht uns gleichzeitig, Alternativen zu finden, die besser zu unseren aktuellen Bedürfnissen und Zielen passen. Die Stärke des Six-Step Reframings liegt in seiner Flexibilität und Anpassungsfähigkeit. Es kann auf eine Vielzahl von Kontexten angewendet werden, von der Überwindung von Prokrastination bis hin zur Bewältigung von Phobien oder Beziehungsproblemen. Mit Übung und Ausdauer kann dieses Werkzeug dazu beitragen, nachhaltige positive Veränderungen in unserem Verhalten und unserer Einstellung zu erreichen. Es ist ein Beweis für die Kraft unserer Gedanken und unserer Fähigkeit, uns durch Reframing und Neudefinition unserer Perspektiven zu transformieren.

VISUALISIERUNGEN UND MENTALE ÜBUNGEN

Durch diese NLP-Techniken lassen sich innere Bilder und Vorstellungen formen und verändern. Die mentale Repräsentation von Ereignissen und Erfahrungen ist ausschlaggebend dafür, wie wir sie bewerten und auf sie reagieren. Mit NLP können wir uns mentale Bilder von Erfolgen und positiven Erfahrungen kreieren und verankern. Diese Bilder können dann als Ressource in herausfordernden Situationen abgerufen werden.

Die Wissenschaft hat gezeigt, dass das Gehirn die mentale Vorstellung von einer Handlung kaum von der tatsächlichen Durchführung unterscheiden kann. Daher können wir durch mentale Übungen unser Gehirn quasi „vortrainieren", indem wir uns vorstellen, wie wir bestimmte Herausforderungen meistern oder bestimmte Ziele erreichen.

Im Rahmen des NLP kann die Visualisierung auf verschiedene Weisen eingesetzt werden. Hier sind einige Beispiele:

- Zielvisualisierung: Stell dir vor, wie du ein bestimmtes Ziel erreichst. Wie sieht das aus? Was fühlst du dabei? Welche Gedanken gehen dir durch den Kopf? Diese Visualisierung hilft, das Gehirn auf den Erfolg auszurichten und die Motivation zu stärken.

- Ressourcenvisualisierung: Denk an eine Situation, in der du sehr erfolgreich warst oder dich sehr wohlgefühlt hast. Was hast du da gesehen, gehört, gefühlt, gerochen, geschmeckt? Durch die mentale Wiederholung dieser Situation kannst du die positiven Gefühle und die Selbstsicherheit erneut aktivieren und stärken.

- Mentales Training: Stell dir eine herausfordernde Situation vor und dann verschiedene Lösungswege, wie du diese meistern kannst. Diese Visualisierung dient dazu, das Gehirn auf die erfolgreiche Bewältigung dieser Herausforderung vorzubereiten.

- Selbsthypnose: Hierbei versetzt man sich in einen Zustand tiefer Entspannung und visualisiert dann positive Bilder oder Affirmationen. Diese Technik kann verwendet werden, um tief verankerte Glaubenssätze zu verändern oder um neue Fähigkeiten zu erlernen.

Visualisierungen und mentale Übungen können uns helfen, unsere Ziele zu erreichen und unser Leben aktiv zu gestalten. Sie nutzen die Kraft des Unterbewusstseins, um unsere Gedanken, Gefühle und Handlungen in die gewünschte Richtung zu lenken. Dies kann zu mehr Selbstvertrauen, Lebensfreude und Erfolg führen. Der Weg zur Verbesserung der Visualisierungs- und Mentaltrainingsfähigkeiten ist ein kontinuierlicher Prozess, der Disziplin und Ausdauer erfordert. Durch ständige Praxis und Experimentieren können wir lernen, die Kraft unserer Gedanken und Vorstellungen für uns zu nutzen und ein erfüllteres, freudvolleres und erfolgreicheres Leben zu führen.

Visualisierungen und mentale Übungen sind mächtige Werkzeuge für persönliches Wachstum und Veränderung. Sie bieten uns die Möglichkeit, unser volles Potenzial auszuschöpfen und ein Leben zu führen, das uns wirklich erfüllt und Freude bereitet.

T.O.T.E. MODELL – ANWENDUNG IM ALLTAG

Das TOTE-Modell (Test-Operate-Test-Exit) ist eine äußerst effektive Methode. Es bietet eine klare und systematische Vorgehensweise, um Probleme zu lösen, Veränderungen umzusetzen und Ziele zu erreichen. In diesem Kapitel werden wir einen detaillierteren Blick auf das TOTE-Modell werfen, seine Funktionsweise erklären und seine Anwendung anhand von Beispielen und Übungen verdeutlichen. TOTE steht für Test, Operate, Test, Exit. Es ist eine vierstufige Methode, die uns hilft, unsere Ziele zu erreichen und Probleme zu lösen. Die vier Schritte des Modells sind wie folgt:

1. Test: Dies ist der erste Schritt, bei dem wir den aktuellen Ist-Zustand mit dem gewünschten Zielzustand vergleichen. Wir prüfen, wo wir stehen und was noch erreicht werden muss, um unser Ziel zu erreichen.

2. Operate: Hier nehmen wir Maßnahmen, um uns von unserem aktuellen Zustand in Richtung unseres gewünschten Zustands zu bewegen. Dies kann durch verschiedene Aktionen oder Veränderungen geschehen.

3. Test: Nachdem wir eine Veränderung vorgenommen haben, testen wir erneut. Wir vergleichen wieder den aktuellen Zustand mit dem Zielzustand, um zu sehen, ob wir Fortschritte gemacht haben.

4. Exit: Wenn unser aktueller Zustand mit dem Zielzustand übereinstimmt, beenden wir den Prozess. Wenn dies nicht der Fall ist, kehren wir zum Schritt "Operate" zurück und nehmen weitere Änderungen vor.

Nehmen wir an, Sie haben das Ziel, eine gesündere Ernährung zu führen. Hier ist, wie das TOTE-Modell in diesem Kontext angewendet werden könnte:

- Test: Sie bewerten Ihre aktuelle Ernährung und vergleichen sie mit der gewünschten, gesünderen Ernährung. Sie stellen fest, dass Sie zu viele verarbeitete Lebensmittel essen und nicht genug Gemüse und Obst.

- Operate: Sie nehmen Veränderungen vor, indem Sie mehr frisches Obst und Gemüse in Ihre Ernährung integrieren und die Menge an verarbeiteten Lebensmitteln reduzieren.

- Test: Nach einigen Wochen der Umstellung auf die neue Ernährung, bewerten Sie Ihre aktuelle Ernährung erneut und vergleichen sie mit der gewünschten. Sie stellen fest, dass Sie sich zwar verbessert haben, aber immer noch zu viele verarbeitete Lebensmittel essen.

- Exit: Da Sie Ihr Ziel noch nicht erreicht haben, kehren Sie zum Schritt "Operate" zurück. Sie nehmen weitere Anpassungen vor, wie z.B. die Reduzierung der Menge an verarbeiteten Lebensmitteln, die Sie kaufen, oder die Suche nach gesünderen Alternativen für Ihre Lieblingssnacks.

Dieser Zyklus wird so lange wiederholt, bis Ihr aktueller Zustand Ihrem Zielzustand entspricht. Dann können Sie den Prozess beenden.

Um die Anwendung des TOTE-Modells zu üben, nehmen Sie ein Ziel, das Sie erreichen möchten. Es könnte etwas Großes wie eine berufliche Veränderung sein, oder etwas Kleineres wie das Erlernen einer neuen Fähigkeit.

1. Identifizieren Sie Ihren aktuellen Ist-Zustand in Bezug auf dieses Ziel.
2. Definieren Sie Ihren gewünschten Zielzustand.
3. Wenden Sie den Test-Operate-Test-Exit Zyklus an, bis Sie Ihr Ziel erreicht haben.

Das TOTE-Modell ist eine leistungsstarke Strategie zur Lösung von Problemen und zur Zielerreichung. Es stellt eine einfache, aber effektive Methode dar, um unsere Fortschritte systematisch zu überwachen und notwendige Anpassungen vorzunehmen. Mit seiner Hilfe können wir eine klare Vorstellung davon bekommen, was getan werden muss, um unsere Ziele zu erreichen, und es ermöglicht uns, unsere Fortschritte zu messen und zu bewerten.

Dieses Modell fördert eine proaktive Einstellung und trägt dazu bei, dass wir uns konsequent auf unsere Ziele hinarbeiten. Es ist ein leistungsstarkes Werkzeug, das uns dabei helfen kann, sowohl persönliche als auch berufliche Ziele effektiver zu erreichen.

Die Timeline-Arbeit, ein bekannter Bestandteil des Neurolinguistischen Programmierens, dient als wirksames Instrument zur mentalen Veränderung und Heilung. Der Ursprung dieser Methode findet sich in der Hypnotherapie. Im Laufe der Jahre hat das NLP die Timeline-Arbeit weiter verfeinert und maßgeblich geprägt. In ihrer Kernfunktion dient die Timeline-Arbeit als interner Kompass zur Navigation durch die eigene Lebensgeschichte.

Die Entstehung der Timeline-Arbeit geht auf die 70er Jahre zurück, als therapeutische Techniken wie "Walking the Time Line" eingeführt wurden. Eine bedeutende Weiterentwicklung erfolgte jedoch erst Ende der 80er Jahre durch den Hypnotherapeuten Tad James, der die sogenannte "Time Line Therapy™" ins Leben rief. Laut James bietet die Timeline-Arbeit vielfältige Einsatzmöglichkeiten, darunter die Umwandlung negativer Gefühle in positive, das Auflösen von Phobien, die Neuausrichtung der Timeline und vor allem die Unterstützung bei der Bewältigung traumatischer Ereignisse.

Grundsätzlich können wir unsere eigene Timeline in drei Segmente unterteilen: Vergangenheit, Gegenwart und Zukunft. Jeder Mensch hat dabei einen eigenen Zugang zu seiner Timeline, oftmals abhängig von den bevorzugten Sinneskanälen. Dabei lassen sich grundsätzlich zwei unterschiedliche Arten mentaler Zeitachsen unterscheiden:

- ✓ **Äußere Timeline:** Hierbei dient eine real auf dem Boden markierte Linie als räumlicher Ankerpunkt. Indem sich die Person auf verschiedenen Punkten dieser Linie positioniert, kann sie sich gedanklich in die entsprechenden Lebensphasen hineinversetzen.

✓ **Innere Timeline:** Diese Form der Timeline wird visuell in der Vorstellungskraft des Einzelnen erzeugt, oft innerhalb eines imaginären dreidimensionalen Raumes. Die einzelnen Punkte auf dieser Linie sind systematisch mit verschiedenen Zeitpunkten verbunden, eine Zuordnung, die meist unbewusst erfolgt.

Die Timeline-Arbeit bietet die Möglichkeit, sich mental entlang der eigenen Lebenslinie zu bewegen und so positive Erfahrungen oder erfüllende Beziehungen wieder aufzusuchen. Diese Methode ermöglicht es, sich an die eigenen Fähigkeiten und Stärken zu erinnern, die in bestimmten Situationen bereits erfolgreich eingesetzt wurden. Die erneute Konfrontation mit diesen Ressourcen kann dazu dienen, sie in der Gegenwart zu aktivieren und zu stärken.

Darüber hinaus kann durch die sogenannte "Altersprogression", also das Vorwärtsbewegen auf der imaginären Timeline bis zu einem Punkt in der Zukunft, an dem das gegenwärtige Problem bereits gelöst ist, ebenfalls ein positives Gefühl vermittelt werden. Von dieser imaginierten Zukunft aus blickt man zurück und kann sich vorstellen, wie man das Problem erfolgreich gemeistert hat.

Die Timeline-Arbeit im NLP hat sich als bemerkenswert wirksam erwiesen, insbesondere in Bereichen, die eine tiefgreifende mentale Veränderung erfordern. Ihre Anwendbarkeit ist weitreichend, und sie bietet Lösungen für eine Vielzahl von Problemen, sowohl aus der Vergangenheit als auch in der Gegenwart. Hier sind einige der wichtigsten Bereiche, in denen die Timeline-Arbeit besonders erfolgreich eingesetzt wird:

- Bewältigung von Traumata: Eine der bekanntesten Anwendungen der Timeline-Arbeit ist die Bewältigung von traumatischen Erlebnissen aus der Vergangenheit. Die Methode ermöglicht es den Personen, sich erneut mit dem Trauma auseinanderzusetzen, es aus einer anderen Perspektive zu betrachten und schließlich einen Weg zur Heilung zu finden.

- Lösen von Ängsten und Phobien: Timeline-Arbeit kann auch eingesetzt werden, um Ängste und Phobien aufzulösen. Durch den mentalen Besuch von Ereignissen in der Vergangenheit, die zur Entstehung dieser Ängste geführt haben, und durch das Ansehen dieser Ereignisse aus einer sicheren, zukünftigen Perspektive, kann die angstauslösende Reaktion gemindert oder sogar beseitigt werden.

- Überwindung negativer Gefühle: Ob es sich um Wut, Traurigkeit, Schuld, Scham oder eine andere Art von belastenden Emotionen handelt, die Timeline-Arbeit bietet eine wirksame Möglichkeit, diese Gefühle zu bearbeiten und in eine positive Richtung umzuwandeln.

- Erreichen von Zielen: Die Timeline-Arbeit kann auch eingesetzt werden, um zukünftige Ziele zu visualisieren und einen klaren Weg zur Erreichung dieser Ziele zu planen. Durch die Visualisierung des gewünschten Zustandes in der Zukunft und die Betrachtung des Weges dorthin aus dieser Perspektive, wird das Erreichen des Ziels greifbar und die Motivation zur Erreichung verstärkt.

- Persönliche Entwicklung: Im Bereich der persönlichen Entwicklung ist die Timeline-Arbeit ein mächtiges Werkzeug. Sie ermöglicht es Einzelpersonen, Muster in ihrer Vergangenheit zu erkennen, die ihre aktuelle Situation beeinflussen. Dadurch können sie diese Muster durchbrechen und Veränderungen vornehmen, die zu einem erfüllteren Leben führen.

Die Timeline-Arbeit bietet eine Brücke zwischen Vergangenheit, Gegenwart und Zukunft und ermöglicht es uns, uns von den Fesseln der Vergangenheit zu lösen, die Gegenwart voll auszuschöpfen und eine strahlende Zukunft zu gestalten. Es ist ein leistungsstarkes Werkzeug für Heilung, Wachstum und Transformation.

Dieser Ansatz, ursprünglich von Milton Erickson entwickelt, ermöglicht es dem Einzelnen, das Problem aus der Perspektive einer bereits erreichten Lösung zu betrachten. Aus dieser zukünftigen Position heraus kann der Weg zur Problemlösung rückblickend rekonstruiert werden. Diese Arbeit mit der Zeitachse stellt eine kraftvolle Methode dar, um Heilungs- und Veränderungsprozesse zu unterstützen und die Kontrolle über das eigene Leben zurückzugewinnen.

DIE STRATEGIEN IM NLP

Strategien im Neurolinguistischen Programmieren (NLP) beziehen sich auf die Muster und Prozesse, die wir in unseren Gedanken und unserem Verhalten verwenden, um bestimmte Ergebnisse oder Ziele zu erreichen. Es sind wie mentale Blaupausen, die definieren, wie wir Informationen verarbeiten und auf sie reagieren, um bestimmte Aufgaben zu erfüllen.

Im NLP wird zwischen Makro- und Mikrostrategien unterschieden.

Makrostrategien sind große, umfassende Pläne, die zur Erreichung langfristiger Ziele eingesetzt werden. Sie betreffen zum Beispiel die Karriereplanung oder die Gestaltung des Lebenswegs. Ein Beispiel für eine Makrostrategie könnte der Pfad sein, den jemand nimmt, um ein erfolgreicher Soziologe zu werden - angefangen beim Studium, über die Promotion bis hin zur Arbeit an einer renommierten Universität.

Mikrostrategien hingegen sind kleinere, spezifischere Abläufe, die zur Erfüllung konkreter Aufgaben eingesetzt werden. Sie beziehen sich auf die spezifischen mentalen Prozesse, die jemand durchläuft, um eine Aufgabe effizient und erfolgreich zu bewältigen, wie zum Beispiel das Erlernen neuer Informationen, das Schreiben eines Artikels oder das Halten einer Präsentation.

Jede Strategie, ob Makro oder Mikro, ist eng mit bestimmten Überzeugungen und Einstellungen verbunden. Diese können sowohl die Fähigkeit einer Person beeinflussen, bestimmte Strategien zu implementieren, als auch die Effektivität der Strategien selbst.

Im NLP wird der Begriff "Strategie" metaphorisch oft als "Rezept" für den Erfolg verwendet. Wie bei einem Kuchenrezept geht es darum, die richtigen "Zutaten" in der richtigen Menge und in der richtigen Reihenfolge zusammenzufügen. In diesem Kontext stellen die Repräsentationssysteme VAKOG.

VAKOG ist ein Akronym, das in der Neurolinguistischen Programmierung (NLP) verwendet wird, um die fünf Sinnesmodalitäten oder Sinnessysteme zu bezeichnen, die Menschen zur Wahrnehmung ihrer Umwelt nutzen:

- **V (Visuell):** Dies bezieht sich auf alles, was wir sehen. Unsere visuelle Wahrnehmung beinhaltet die Fähigkeit, Farben, Formen, Muster, Licht und Dunkelheit zu erkennen.

- **A (Auditiv):** Dies bezieht sich auf alles, was wir hören. Unsere auditive Wahrnehmung umfasst die Fähigkeit, Geräusche, Töne, Rhythmus und Stille zu erkennen.

- **K (Kinästhetisch):** Dies bezieht sich auf unsere Gefühlswahrnehmung und umfasst sowohl taktile Empfindungen (Berührung) als auch körperinterne Gefühle, die mit Bewegung, Spannung und Temperatur zusammenhängen. Es umfasst auch Emotionen, da diese oft körperlich wahrgenommen werden.

- **O (Olfaktorisch):** Dies bezieht sich auf unseren Geruchssinn, die Fähigkeit, verschiedene Düfte und Gerüche wahrzunehmen.

- **G (Gustatorisch):** Dies bezieht sich auf unseren Geschmackssinn, die Fähigkeit, verschiedene Geschmacksrichtungen wie süß, sauer, salzig und bitter zu unterscheiden.

In NLP werden diese Sinnesmodalitäten verwendet, um zu verstehen, wie Menschen ihre Erfahrungen strukturieren und aufzeichnen. Indem wir aufmerksam sind, welche Sinnessysteme jemand überwiegend verwendet (beispielsweise durch Sprache und Verhalten), können wir ein besseres Verständnis für seine Wahrnehmungs- und Denkprozesse bekommen. Dieses Wissen kann dann genutzt werden, um effektivere Kommunikation, Verhaltensänderungen oder Lernstrategien zu entwickeln.

Strategien im NLP können verschiedene Formen annehmen, darunter Entscheidungsstrategien, Motivationsstrategien, Lernstrategien, Kreativitätsstrategien, Entspannungsstrategien und vieles mehr. Die spezifische Art der Strategie hängt von der jeweiligen Aufgabe oder dem angestrebten Ergebnis ab. Im NLP besteht ein wichtiger Aspekt darin, diese Strategien zu studieren und zu modellieren - sowohl erfolgreiche als auch weniger erfolgreiche. Das Ziel ist es, zu verstehen, was genau jemand tut, wenn er erfolgreich ist, und diese Praktiken dann auf andere Menschen übertragen zu können. Umgekehrt kann das Studium von weniger erfolgreichen Strategien Aufschluss darüber geben, wie diese verbessert werden können.

Schließlich ist zu betonen, dass diese Strategien eng mit den Glaubenssätzen und Wertvorstellungen einer Person verknüpft sind und sowohl bewusste als auch unbewusste Prozesse involvieren können. Sie sind in der Regel durch eine Folge von Sinnesrepräsentationen gekennzeichnet und können sowohl innere als auch äußere Vorgänge beinhalten.

MAKROSTRATEGIEN

Makrostrategien in der NLP sind höhere Ordnungsstrategien, die sich auf große, umfassende Ziele und Prozesse beziehen. Sie umfassen eine Reihe von Mikrostrategien und sind die übergeordneten Pläne, die jemand zur Erreichung von langfristigen Zielen verwendet. Makrostrategien beinhalten mehrere Aktionen, Verhaltensweisen und Entscheidungen und spielen eine entscheidende Rolle bei der Gestaltung unserer Lebenswege. Sie sind im Wesentlichen "Pläne für Pläne".

Makrostrategien können in verschiedene Kategorien unterteilt werden, abhängig von den großen Lebensbereichen, auf die sie sich beziehen:

- **Karrierestrategien:** Diese Strategien beschäftigen sich mit der Planung und Durchführung von beruflichen Zielen. Sie könnten beispielsweise den Wunsch, ein erfolgreicher Unternehmer zu werden, umfassen und würden dann kleinere Strategien für die Bildung, den Aufbau von Geschäftsbeziehungen und die Entwicklung von Produkten und Dienstleistungen beinhalten.

- **Persönliche Entwicklungsstrategien:** Diese beziehen sich auf Ziele in Bezug auf persönliches Wachstum und Selbstverbesserung. Eine solche Makrostrategie könnte das Ziel sein, emotional gesünder zu werden, und würde dann kleinere Strategien zur Verbesserung der emotionalen Intelligenz, zum Aufbau positiver Beziehungen und zur Pflege von Selbstfürsorgepraktiken beinhalten.

- **Gesundheits- und Wellnessstrategien:** Diese Strategien konzentrieren sich auf körperliche Gesundheit und Wohlbefinden. Eine Makrostrategie in diesem Bereich könnte darin bestehen, ein gesundes Gewicht zu erreichen und zu halten, und würde dann kleinere Strategien zur Ernährungsumstellung, zur regelmäßigen Bewegung und zur Stressbewältigung beinhalten.

- **Beziehungsstrategien:** Diese Strategien befassen sich mit der Entwicklung und Pflege von persönlichen Beziehungen. Eine Makrostrategie könnte hier zum Beispiel sein, eine liebevolle und unterstützende Partnerschaft aufzubauen und würde dann kleinere Strategien zur Kommunikation, Konfliktlösung und emotionalen Intimität beinhalten.

Makrostrategien sind besonders hilfreich, weil sie als Wegweiser für das Handeln dienen. Sie bieten eine umfassende Vision, auf die man hinarbeiten kann, und stellen sicher, dass alle kleineren Aktionen und Entscheidungen (Mikrostrategien) auf das größere Bild ausgerichtet sind. Durch das Festlegen von Makrostrategien kann man sicherstellen, dass die täglichen Handlungen und Entscheidungen einem größeren Plan entsprechen und auf langfristige Ziele ausgerichtet sind.

Es ist wichtig zu beachten, dass die effektivsten Makrostrategien flexibel sind und angepasst werden können, wenn sich die Umstände ändern oder neue Informationen verfügbar werden. NLP-Praktizierende betonen die Wichtigkeit der Anpassungsfähigkeit und des Lernens aus Erfahrungen, und dies gilt auch für die Entwicklung und Implementierung von Makrostrategien.

MIKROSTRATEGIEN

Mikrostrategien in der Neurolinguistischen Programmierung (NLP) sind detaillierte, spezifische Vorgehensweisen, die wir zur Erreichung kleinerer, spezifischer Ziele verwenden. Sie sind die einzelnen Schritte, die wir unternehmen, um eine Aufgabe zu erfüllen oder eine Fähigkeit auszuüben. Mikrostrategien bilden die Bausteine für die größeren, übergeordneten Makrostrategien und sind entscheidend für die erfolgreiche Durchführung spezifischer Aufgaben und Tätigkeiten.

Wie die Makrostrategien können auch die Mikrostrategien in verschiedene Kategorien unterteilt werden, abhängig von der spezifischen Aufgabe oder Fähigkeit, auf die sie sich beziehen:

- **Lernstrategien**: Diese Strategien befassen sich mit der Art und Weise, wie wir Informationen aufnehmen, speichern und abrufen. Dazu gehören Techniken wie aktives Zuhören, Notizen machen, Zusammenfassungen erstellen und regelmäßig wiederholen.

- **Kommunikationsstrategien**: Diese Strategien betreffen die Art und Weise, wie wir mit anderen interagieren und Informationen austauschen. Dazu gehören Fähigkeiten wie aktives Zuhören, klare und präzise Ausdrucksweise, nonverbale Kommunikation und emotionale Intelligenz.

- **Entscheidungsstrategien**: Diese Strategien befassen sich mit der Art und Weise, wie wir Entscheidungen treffen und Probleme lösen. Dazu gehören Techniken wie kritisches Denken, das Abwägen von Vor- und Nachteilen, das Suchen nach alternativen Lösungen und das Treffen von Entscheidungen auf der Grundlage von Daten und Fakten.

- **Bewältigungsstrategien**: Diese Strategien betreffen die Art und Weise, wie wir mit Stress und Herausforderungen umgehen. Dazu gehören Techniken wie Achtsamkeit, Tiefenatmung, progressive Muskelentspannung und kognitive Umstrukturierung.

Mikrostrategien sind für den NLP-Ansatz von entscheidender Bedeutung, weil sie das konkrete "Wie" einer Aktion oder Fähigkeit darstellen. Indem wir diese spezifischen Prozesse und Verhaltensweisen verstehen und bewusst einsetzen, können wir unsere Fähigkeiten und Leistungen verbessern. Darüber hinaus können wir durch das Verständnis der Mikrostrategien, die wir oder andere verwenden, neue Fähigkeiten erlernen oder bestehende Fähigkeiten verfeinern und optimieren.

Ebenso wichtig ist, dass Mikrostrategien uns helfen, unsere größeren Ziele und Ambitionen (Makrostrategien) in erreichbare, konkrete Schritte zu zerlegen. Sie bieten uns einen klaren, praktischen Weg zur Erreichung unserer Ziele und zur Umsetzung unserer Pläne. Jeder Schritt, den wir auf diesem Weg unternehmen, stärkt unser Vertrauen und unsere Kompetenz und bringt uns unserem Endziel näher.

SUBMODALITÄTEN IM NLP

Im Kontext des Neurolinguistischen Programmierens (NLP) beziehen sich Submodalitäten auf die feinen Unterschiede oder die "Unterkategorien der Sinne", die unsere Erfahrungen prägen. Jede unserer fünf Sinnesmodalitäten - Sehen, Hören, Fühlen, Schmecken und Riechen - hat eine Reihe von spezifischen Submodalitäten. Sie sind die Bausteine unserer inneren Repräsentationen und haben einen tiefgreifenden Einfluss auf unser Denken, Fühlen und Handeln.

Submodalitäten sind die spezifischen Qualitäten oder Attribute unserer Sinneserfahrungen. Sie sind die kleinsten Einheiten, die unsere Wahrnehmung bilden. Zum Beispiel, in der visuellen Modalität, sind einige Submodalitäten Farbe, Helligkeit, Größe, Distanz, Bewegung und Form.

Diese Submodalitäten bestimmen die Qualität und Intensität unserer inneren Bilder und damit auch, wie wir uns in Bezug auf diese Bilder fühlen. Eine Erinnerung, die nah, hell und farbenfroh dargestellt wird, löst wahrscheinlich stärkere Gefühle aus als eine, die weit weg, dunkel und unscharf ist. Es gibt viele verschiedene Arten von Submodalitäten, aber einige der häufigsten, die in NLP verwendet werden, gehören zu den Modalitäten Sehen, Hören und Fühlen.

- **Visuelle Submodalitäten:** Dazu gehören Aspekte wie Helligkeit, Farbe, Größe, Entfernung, Bewegung und Position. Zum Beispiel kann eine Erinnerung als ein großes, helles, farbiges Bild gesehen werden, das vor Ihnen schwebt, oder als ein kleines, dunkles, schwarz-weißes Bild, das weit weg ist.

- **Auditive Submodalitäten:** Dazu gehören Aspekte wie Lautstärke, Ton, Tempo, Tonhöhe und Richtung. Eine Stimme kann laut oder leise, hoch oder tief, schnell oder langsam, von links oder rechts usw. wahrgenommen werden.

- **Kinästhetische Submodalitäten:** Dazu gehören Aspekte wie Temperatur, Textur, Druck, Gewicht, Form und Bewegung. Eine Emotion kann als warm oder kalt, rau oder glatt, schwer oder leicht usw. gefühlt werden.

Die Kenntnis und das Verständnis von Submodalitäten können in vielen Bereichen des NLP verwendet werden. Sie können uns helfen, die Struktur unserer Erfahrungen zu verstehen und zu verändern, unerwünschte Verhaltensweisen zu ändern, unsere Emotionen zu steuern und unsere Ziele zu erreichen.

Hier sind zwei grundlegende Übungen, die die Verwendung von Submodalitäten im NLP demonstrieren:

Übung 1 - Veränderung einer Erinnerung

Diese Übung zielt darauf ab, die Emotionen, die mit einer bestimmten Erinnerung verbunden sind, zu verändern, indem die Submodalitäten dieser Erinnerung verändert werden.

(1) Wählen Sie eine neutrale oder leicht negative Erinnerung aus.

(2) Machen Sie sich bewusst, wie Sie diese Erinnerung in Ihrem Geist darstellen. Wo befindet sich das Bild? Ist es in Farbe oder schwarz-weiß? Ist es groß oder klein? Ist es hell oder dunkel?

(3) Beginnen Sie, die Submodalitäten dieser Erinnerung zu verändern. Stellen Sie sich vor, dass das Bild kleiner wird, dass es sich weiter wegbewegt, dass es schwarz-weiß wird.

(4) Beachten Sie, wie sich Ihre Gefühle in Bezug auf diese Erinnerung ändern, während Sie ihre Submodalitäten ändern.

Übung 2 - Erreichen eines Ziels

Diese Übung zielt darauf ab, die Motivation zur Erreichung eines Ziels zu steigern, indem die Submodalitäten des Ziels verändert werden.

(1) Denken Sie an ein Ziel, das Sie erreichen möchten.

(2) Machen Sie sich bewusst, wie Sie dieses Ziel in Ihrem Geist darstellen. Wo befindet sich das Bild? Ist es in Farbe oder schwarz-weiß? Ist es groß oder klein? Ist es hell oder dunkel?

(3) Beginnen Sie, die Submodalitäten dieses Ziels zu verändern. Machen Sie das Bild größer, heller, farbenfroher. Bringen Sie es näher an Sie heran.

(4) Beachten Sie, wie sich Ihre Gefühle und Ihre Motivation in Bezug auf dieses Ziel ändern, während Sie seine Submodalitäten ändern.

Mit dem Verständnis und der Fähigkeit, Submodalitäten zu manipulieren, können Sie Ihre Wahrnehmung und Reaktion auf verschiedene Aspekte Ihres Lebens kontrollieren und verändern. Dies macht Submodalitäten zu einem leistungsstarken Werkzeug in der Praxis des NLP. Die bewusste Wahrnehmung und Manipulation von Submodalitäten hat im NLP und in unserem täglichen Leben eine entscheidende Bedeutung, weil sie dazu dient, unsere inneren Erfahrungen zu beeinflussen und zu verändern. Wie wir über unsere Erfahrungen denken, ist zum Teil darauf zurückzuführen, wie wir sie innerlich darstellen. Durch die bewusste Arbeit mit Submodalitäten können wir aktiv Einfluss darauf nehmen, wie wir uns fühlen, und uns somit besser fühlen und besser handeln.

Ein weiterer entscheidender Aspekt ist, dass Submodalitäten uns dabei helfen können, bestimmte unerwünschte Gewohnheiten oder Verhaltensweisen zu verändern. Indem wir die inneren Bilder, Klänge oder Gefühle, die mit diesen Verhaltensweisen verbunden sind, verändern, können wir unsere Einstellung und unser Verhalten ihnen gegenüber ändern. Dies kann bei einer Vielzahl von Themen angewendet werden, von der Angst vor öffentlicher Auftritten bis hin zur Raucherentwöhnung.

Submodalitäten können auch in Bezug auf Motivation und Zielsetzung sehr hilfreich sein. Indem wir die Art und Weise, wie wir unsere Ziele visualisieren und uns vorstellen, ändern, können wir unsere Motivation erhöhen und uns besser auf unsere Ziele ausrichten. Dies kann uns helfen, unsere Ziele schneller und effektiver zu erreichen.

Die Arbeit mit Submodalitäten ist ein leistungsfähiges Werkzeug innerhalb des NLP, das uns ermöglicht, tief in unsere subjektive Erfahrung der Welt einzudringen und Veränderungen auf einer sehr tiefen Ebene herbeizuführen.

Durch das Verständnis und die Manipulation unserer Submodalitäten können wir die Kontrolle über unsere Wahrnehmungen und Reaktionen erlangen und somit unser Denken, Fühlen und Handeln in eine positive Richtung lenken. Es ermöglicht uns, eine aktive Rolle in unserer eigenen psychischen Landschaft zu spielen und unser Leben in die gewünschte Richtung zu steuern. Daher ist das Verständnis und die Anwendung von Submodalitäten sowohl in der Praxis des NLP als auch in unserem täglichen Leben von großem Nutzen.

ERKENNEN VON LÜGEN MIT NLP – DIE WAHRHEIT HINTER DEN WORTEN

Nun werden wir uns mit der spannenden Fähigkeit befassen Lügen mithilfe des Neurolinguistischen Programmierens zu erkennen. Das Ziel ist es Ihnen einen ersten Überblick sowie praktische Tools und Strategien zu vermitteln, mit denen Sie in der Lage sind, die Wahrheit hinter den Worten aufzudecken. In diesem Artikel werden wir uns ausführlich mit der Bedeutung von Mikroexpressionen beschäftigen und Ihnen konkrete Anwendungsbeispiele geben.

Was sind Mikroexpressionen?

Mikroexpressionen sind winzige, kaum sichtbare Gesichtsausdrücke, die nur für Bruchteile einer Sekunde auftreten. Sie sind oft unbewusst und können Aufschluss über die wahre emotionale Reaktion einer Person geben, selbst wenn sie versucht, sie zu verbergen. Mikroexpressionen sind ein mächtiges Werkzeug, um Lügen zu erkennen, da sie unkontrollierbarer sind als verbale Äußerungen.

Die Verbindung zwischen Mikroexpressionen und Lügen

Während Lügner versuchen können, ihre Worte bewusst zu manipulieren, sind Mikroexpressionen schwerer zu kontrollieren. Diese subtilen Gesichtsausdrücke können einen Einblick in die wahren Emotionen einer Person geben und dabei helfen, Lügen aufzudecken. Eine plötzliche Veränderung im Gesichtsausdruck, wie ein kurzer Augenblinzler oder ein leichtes Zucken der Mundwinkel, kann auf eine Disharmonie zwischen den gesprochenen Worten und den wahren Gefühlen hinweisen.

- **Sensibilisierung**: Um Mikroexpressionen erkennen zu können, ist es wichtig, Ihre Wahrnehmung zu schärfen. Nehmen Sie sich Zeit, Gesichtsausdrücke bewusst zu beobachten und zu analysieren. Üben Sie, auf subtile Veränderungen wie Augenbewegungen, Mundbewegungen oder Augenbrauenhochziehen zu achten.

- **Emotionale Zustände verstehen**: NLP legt Wert auf den Aufbau von Rapport und die Fähigkeit, die emotionale Welt anderer Menschen zu verstehen. Indem Sie lernen, die Gefühle anderer zu erkennen und nachzuvollziehen, können Sie die Wahrscheinlichkeit erhöhen, dass Mikroexpressionen sichtbar werden. Beobachten Sie, wie sich die Gesichtszüge verändern, wenn eine Person eine bestimmte Emotion empfindet.

- **Kontext beachten:** Achten Sie auf den Kontext der Situation, um Mikroexpressionen besser zu verstehen. Manche Menschen haben natürlicherweise intensivere oder subtilere Ausdrücke als andere. Es ist wichtig, individuelle Unterschiede zu berücksichtigen und den Gesichtsausdruck im Zusammenhang mit anderen nonverbalen und verbalen Signalen zu interpretieren.

Bei der Auswahl von Bewerbern können Sie Mikroexpressionen nutzen, um die Glaubwürdigkeit und Ehrlichkeit der Kandidaten zu bewerten. Achten Sie auf Anzeichen von Unbehagen oder Widersprüchlichkeit zwischen den gesprochenen Worten und den nonverbalen Signalen.

In Verhandlungssituationen können Sie Mikroexpressionen nutzen, um zu erkennen, ob Ihr Verhandlungspartner wirklich mit dem Gesagten einverstanden ist oder ob er möglicherweise etwas verbirgt. Achten Sie auf plötzliche Veränderungen im Gesichtsausdruck, die auf emotionale Reaktionen hinweisen können.

Mikroexpressionen können aber auch in alltäglichen Situationen nützlich sein, um die Wahrhaftigkeit von Aussagen oder das Ausmaß der Zustimmung einer Person zu beurteilen. Seien Sie achtsam und beobachten Sie die nonverbalen Signale, um ein tieferes Verständnis für die Menschen in Ihrem Umfeld zu entwickeln.

Die Fähigkeit, Lügen mit NLP zu erkennen, erfordert Achtsamkeit und Übung. Mikroexpressionen bieten wertvolle Hinweise auf die wahren Gefühle einer Person und können Ihnen helfen, die Wahrheit hinter den Worten aufzudecken. Nutzen Sie die praktischen Tools und Strategien des NLP, um Ihre Fähigkeiten in der Lügenerkennung weiterzuentwickeln und eine bessere Kommunikation und ein tieferes Verständnis für die Menschen um Sie herum zu erreichen.

DIE WALT DISNEY STRATEGIE

Die Walt-Disney-Strategie ist nicht nur eine Methode zur Förderung von Kreativität und Problemlösung in Unternehmen, sondern sie kann auch im Alltag angewendet werden, um Herausforderungen zu bewältigen und neue Möglichkeiten zu entdecken. In diesem Artikel werde ich Ihnen zeigen, wie Sie die Walt-Disney-Strategie in verschiedenen alltäglichen Situationen nutzen können, um Ihre kreativen Fähigkeiten zu entfesseln und effektive Lösungen zu finden.

I. Morgendliche Routine:
Stellen Sie sich vor, Sie stehen vor der Herausforderung, Ihre morgendliche Routine zu verbessern, um produktiver in den Tag zu starten.

(1) **Träumer**: Beginnen Sie mit der Rolle des Träumers. Lassen Sie Ihre Fantasie spielen und stellen Sie sich vor, wie Ihre ideale morgendliche Routine aussehen könnte. Denken Sie nicht an Hindernisse oder Begrenzungen, sondern visualisieren Sie, wie es wäre, wenn alles möglich wäre. Welche Aktivitäten würden Sie gerne in Ihre Routine integrieren?

(2) **Realist**: Wechseln Sie in die Rolle des Realisten. Betrachten Sie die praktischen Aspekte Ihrer morgendlichen Routine. Welche Verpflichtungen oder Einschränkungen müssen Sie berücksichtigen? Wie können Sie Ihre Ideen an die vorhandene Zeit und Ressourcen anpassen? Priorisieren Sie Ihre Aktivitäten und überlegen Sie, wie Sie Ihre Ziele realistisch erreichen können.

(3) **Kritiker**: Schließlich schlüpfen Sie in die Rolle des Kritikers. Betrachten Sie Ihre vorgeschlagene morgendliche Routine kritisch. Gibt es Aspekte, die Sie übersehen haben? Gibt es Bereiche, die verbessert oder optimiert werden könnten? Nehmen Sie Anpassungen vor, um Ihre Routine effektiver und praktikabler zu gestalten.

Stellen Sie sich vor, Sie stehen vor einer wichtigen Entscheidung, wie zum Beispiel dem Kauf eines neuen Autos.

- **Träumer**: Beginnen Sie mit der Rolle des Träumers. Stellen Sie sich vor, welches Fahrzeug Ihnen wirklich gefällt und welches Ihren Bedürfnissen am besten entspricht. Denken Sie nicht an den Preis oder andere praktische Aspekte. Ermöglichen Sie sich selbst, von Ihren Wünschen und Vorlieben geleitet zu werden.

- **Realist**: Wechseln Sie in die Rolle des Realisten. Berücksichtigen Sie den finanziellen Aspekt sowie Ihre individuellen Bedürfnisse und Prioritäten. Wie passt das ausgewählte Fahrzeug in Ihr Budget? Erfüllt es die erforderlichen Funktionen und Anforderungen? Nehmen Sie eine realistische Bewertung vor, um eine fundierte Entscheidung zu treffen.

- **Kritiker**: Schlüpfen Sie abschließend in die Rolle des Kritikers. Betrachten Sie die Vor- und Nachteile Ihrer Auswahl. Gibt es mögliche Nachteile, die Sie berücksichtigen sollten? Welche Alternativen könnten ebenfalls in Betracht gezogen werden? Analysieren Sie Ihre Entscheidung sorgfältig, um sicherzustellen, dass Sie die beste Wahl treffen.

Wenn Sie an einem kreativen Projekt arbeiten, können Sie die Walt-Disney-Strategie nutzen, um neue Ideen zu entwickeln und Herausforderungen zu bewältigen.

- **Träumer:** Beginnen Sie mit der Rolle des Träumers. Lassen Sie Ihrer Kreativität freien Lauf und generieren Sie so viele Ideen wie möglich. Denken Sie nicht über Begrenzungen oder Machbarkeit nach. Erkunden Sie verschiedene Ansätze und lassen Sie Ihrer Fantasie freien Lauf.

- **Realist:** Wechseln Sie in die Rolle des Realisten. Betrachten Sie die praktischen Aspekte Ihres Projekts. Welche Ressourcen, Zeitrahmen und Fähigkeiten stehen Ihnen zur Verfügung? Wie können Sie Ihre Ideen realisieren? Nehmen Sie Anpassungen vor, um Ihre Visionen an die Realität anzupassen.

- **Kritiker:** Schließlich schlüpfen Sie in die Rolle des Kritikers. Betrachten Sie Ihre Ideen kritisch und überprüfen Sie, ob sie den gewünschten Effekt erzielen. Nehmen Sie Verbesserungen vor, um Ihre Projektergebnisse zu optimieren.

Die Walt-Disney-Strategie bietet einen strukturierten Ansatz für kreatives Denken und Problemlösung im Alltag. Indem Sie bewusst zwischen den Rollen des Träumers, des Realisten und des Kritikers wechseln, können Sie neue Perspektiven gewinnen und innovative Lösungen entwickeln. Nutzen Sie diese kraftvolle Technik des NLP, um Ihre kreativen Fähigkeiten zu entfalten, Herausforderungen zu bewältigen und neue Möglichkeiten zu entdecken.

Die Walt-Disney-Strategie ist nach dem berühmten Unternehmer und Visionär Walt Disney benannt, da er bekannt dafür war, innovative Ideen zu entwickeln und erfolgreiche kreative Projekte umzusetzen. Disney war ein Meister darin, Geschichten zu erzählen und neue Welten zu erschaffen, die Millionen von Menschen auf der ganzen Welt begeisterten. Die Strategie wurde entwickelt, indem man sich von Disneys Arbeitsweise inspirieren ließ. Es wurde beobachtet, dass Disney in der Lage war, verschiedene Denkweisen einzunehmen und zwischen ihnen zu wechseln, um Probleme zu lösen und neue Ideen zu generieren. Er verkörperte drei Schlüsselrollen: den Träumer, den Realisten und den Kritiker. Als Träumer nutzte Disney seine Fantasie und Kreativität, um innovative Ideen zu entwickeln. Er ließ seiner Vorstellungskraft freien Lauf und schuf Visionen, die andere oft für unmöglich hielten.

Als Realist analysierte Disney die Machbarkeit seiner Ideen und entwickelte klare Pläne für die Umsetzung. Er berücksichtigte Ressourcen, Zeitrahmen und praktische Aspekte, um seine Visionen in die Realität umzusetzen.

Als Kritiker prüfte Disney seine Ideen kritisch und suchte nach Möglichkeiten, sie zu verbessern. Er nahm konstruktives Feedback an und verfeinerte seine Konzepte, um ein optimales Ergebnis zu erzielen.

Die Walt-Disney-Strategie greift diese Denkweisen auf und nutzt sie als Grundlage für kreatives Denken und Problemlösung. Durch das Einnehmen dieser verschiedenen Rollen können wir neue Perspektiven einnehmen, Hindernisse überwinden und innovative Lösungen entwickeln. Die Verbindung mit dem Namen "Walt Disney" symbolisiert die kreative und erfolgreiche Arbeitsweise, die er verkörpert hat und die uns inspirieren kann, unsere eigenen kreativen Potenziale zu entfalten.

Diese Technik wird heute sehr erfolgreich bei Verteidigungsstrategien im rechtlichen Sektor angewendet.

DAS ELIZITIEREN UND INSTALLIEREN VON STRATEGIEN IN NLP

Neurolinguistisches Programmieren (NLP) ist ein psychologischer Ansatz, der sich darauf konzentriert, wie wir unsere Gedanken und Verhaltensweisen organisieren. In der NLP-Praxis gibt es zwei Hauptprozesse: das Elizitieren und Installieren von Strategien. Beide Prozesse sind grundlegend für die erfolgreiche Anwendung von NLP-Techniken und das Erreichen gewünschter Veränderungen im Verhalten und Denken einer Person.

Elizitieren, abgeleitet vom englischen "to elicit", bedeutet "herausholen" oder "ans Licht bringen". Es ist der Prozess, in dem ein NLP-Praktiker durch gezielte Befragung herausfindet, wie eine Person derzeit ihre Gedanken und Verhaltensweisen organisiert. Das Ziel ist es, die spezifischen sensorischen Erfahrungen (Submodalitäten), Gedanken und Glaubenssätze, die eine bestimmte Verhaltensweise oder Emotion begleiten, zu identifizieren und zu verstehen.

Dies geschieht, indem man dem Klienten Fragen stellt, die dazu dienen, das innere Erleben in einer bestimmten Situation zu erforschen. Dabei nutzt man das T.O.T.E.-Modell (Test-Operate-Test-Exit) und fragt nach jedem Schritt und jeder Sinneserfahrung (VAKOG – Visuell, Auditiv, Kinästhetisch, Olfaktorisch, Gustatorisch) in der Strategie des Klienten. Auf diese Weise wird die Strategie schrittweise transparent gemacht, und der Klient kann selbst erkennen, welche Aspekte seiner Strategie verbesserungswürdig sind. Nachdem die aktuelle Strategie des Klienten elizitiert wurde, folgt der Prozess des Installierens. Dabei wird dem Klienten eine neue, verbesserte Strategie zur Verfügung gestellt, die er in Zukunft automatisch abrufen kann.

Wichtig dabei ist, dass die neue Strategie in Zusammenarbeit mit dem Klienten entwickelt wurde, um sicherzustellen, dass sie seinen Bedürfnissen entspricht und effektiv ist.

Es gibt verschiedene Techniken zum Installieren von Strategien. Eine davon ist der Ketten-Anker (Chaining Anchors), bei dem der Klient durch jeden Schritt der neuen Strategie geführt und jeder Schritt mit einem bestimmten Anker verknüpft wird. Durch wiederholtes Auslösen der Anker in einer bestimmten Reihenfolge wird die neue Strategie verankert. Eine weitere Technik ist das Einüben von Strategiesequenzen, ähnlich wie bei einer Theaterprobe. Durch wiederholtes Durchspielen der neuen Strategie wird sie zur Gewohnheit. Dabei können äußere Hinweise, wie Körperhaltung, Augenbewegung oder Sprachmuster, integriert werden, um die Verankerung der neuen Strategie zu verstärken.

Eine dritte Technik ist das Überladen, Ablenken oder Unterbrechen der alten Strategie. Dabei wird der Klient mit Informationen überflutet, um seine Aufmerksamkeit von der alten Strategie abzulenken und so Platz für die neue Strategie zu schaffen. Das Elizitieren und Installieren von Strategien in NLP ist ein wichtiger Prozess, um das Denken und Verhalten eines Menschen zu verändern. Durch das Verständnis, wie eine Person ihre Gedanken und Verhaltensweisen organisiert, und das Einsetzen neuer, effektiverer Strategien können NLP-Praktiker den Klienten dabei unterstützen, positive Veränderungen in ihrem Leben herbeizuführen.

SELBST-COACHING MIT NLP

Selbst-Coaching mit Hilfe von NLP stellt eine effektive Strategie zur Persönlichkeitsentwicklung und Verbesserung der Lebensqualität dar. Dieser Ansatz basiert auf dem Prinzip, dass wir nicht nur andere, sondern auch uns selbst coachen können. Das Konzept des Selbst-Coaching eröffnet eine Fülle von Möglichkeiten, aus denen individuell die passendsten Methoden ausgewählt werden können.

Im Kern ermöglicht Selbst-Coaching die Identifikation und Auflösung hinderlicher Denk- und Verhaltensmuster, um die eigenen, oftmals ungenutzten Potentiale und Stärken, vollständig zu aktivieren. Es kann neue Perspektiven schaffen, die eigene Motivation und das Selbstbewusstsein steigern, bei Entscheidungsprozessen unterstützen und das Gefühl der Selbstwirksamkeit verstärken. Gerade in Zeiten des Wandels kann Selbst-Coaching hilfreich sein, um konstruktive Handlungskompetenzen zu entwickeln. Es stehen eine Vielzahl an Selbst-Coaching-Techniken und -Werkzeugen zur Verfügung, die je nach individuellen Bedürfnissen und zeitlichen Kapazitäten gewählt werden können. Dazu gehören unter anderem Selbst-Coaching-Seminare, Videos, Bücher oder sogar einfache Brainstorming-Sitzungen.

Ein beliebtes Selbstcoaching-Werkzeug vieler erfolgreicher Menschen ist das Erfolgsjournal. Ähnlich wie ein Tagebuch, kann es dazu genutzt werden, Ziele und Wünsche zu organisieren und den Fortschritt sichtbar zu machen. Wer sich für Selbstcoaching entscheidet, muss bereit sein, sich selbst ehrlich und kritisch zu betrachten. Es ist notwendig, die richtigen, auch manchmal unbequemen Fragen zu stellen, um die Realität zu beleuchten.

Selbst-Coaching erfordert Mut zur konstruktiven Selbstkritik, ohne dabei selbstabwertend zu sein.

Selbstcoaching ist eine mächtige Methode zur Selbstverbesserung und Persönlichkeitsentwicklung, aber wie jede Methode hat sie sowohl Pro und Cons.

Pro Selbst-Coaching:

- Kosteneffizienz: Selbstcoaching erfordert im Grunde keine finanziellen Investitionen, abgesehen von der eventuell benötigten Lernmaterialien oder -ressourcen.

- Intime Selbstkenntnis: Als Ihr eigener Coach haben Sie den Vorteil, dass Sie Ihre Stärken, Schwächen, Werte und Ziele besser kennen als jeder andere.

- Flexibilität: Sie können die Zeiten und Orte für Ihr Selbstcoaching frei wählen und an Ihren individuellen Lebensstil anpassen.

Cons von Selbstcoaching:

- Mangel an externer Perspektive: Selbstcoaching kann dazu führen, dass Sie in Ihrer eigenen subjektiven Sichtweise gefangen sind. Dies kann dazu führen, dass Sie blinde Flecken in Ihrer Selbstwahrnehmung übersehen oder bestimmte Aspekte Ihres Verhaltens oder Ihrer Denkweise nicht hinreichend kritisch hinterfragen.

- Fehlendes Feedback: Im Selbstcoaching gibt es keine externe Quelle für konstruktives Feedback. Dies kann dazu führen, dass Sie wichtige Aspekte übersehen oder unbewusst Ihre eigene Entwicklung einschränken.

- Diese Vor- und Nachteile sollten bei der Entscheidung für oder gegen Selbstcoaching sorgfältig gegeneinander abgewogen werden. In manchen Fällen kann es sinnvoll sein, Selbstcoaching mit einer formellen Coaching-Sitzung zu kombinieren, um das Beste aus beiden Ansätzen zu nutzen.

Es geht darum, die eigene Rolle, sei es im Beruf, in der Beziehung oder im Bereich der Gesundheit, zu reflektieren und gegebenenfalls zu verändern. Selbst-Coaching ist somit eine Einladung an jeden von uns, selbst der beste Coach zu sein, den wir haben können.

KALIBRIEREN IM NLP

In der Welt des NLP ist Kalibrierung ein entscheidendes Werkzeug, das bei der Verbesserung der Kommunikationsfähigkeiten, dem Aufbau von Rapport und der Durchführung effektiver Interventionen eine wesentliche Rolle spielt. Dieser Artikel wird sich tiefer in die Technik des Kalibrierens einarbeiten, wie sie im NLP praktiziert wird, ihre Anwendung, Nutzen und wie man sie verbessern kann.

Kalibrierung ist im Kontext des NLP das Vermögen, Veränderungen in der nonverbalen Kommunikation einer Person genau wahrzunehmen und zu interpretieren. Es geht darum, die eigene Wahrnehmung auf das Gegenüber einzustellen und zu verfeinern, um so kleinste Veränderungen in dessen Zustand zu bemerken.

Nonverbale Kommunikation kann sich in einer Vielzahl von Formen zeigen, einschließlich Mimik, Körperhaltung, Augenbewegungen, Atmung, Hautfarbenänderungen, Sprachmelodie und Reaktionsgeschwindigkeit. Diese Signale können als Indikatoren für den inneren Zustand einer Person dienen. Beim Kalibrieren sind sowohl die offensichtlichen Makrosignale (große Gesten, deutliche Körperbewegungen) als auch die subtilen Mikrosignale (kleine, oft unbewusste Bewegungen und Veränderungen, z. B. Pupillenerweiterung, leichte Veränderungen in der Hautfarbe) von Bedeutung.

Die Anwendung der Kalibrierungstechnik ist besonders im Coaching und in der Therapie von großer Bedeutung. Ein guter Coach oder Therapeut nutzt die Kalibrierung, um den inneren Zustand seines Klienten zu "lesen" und so besser zu verstehen, was dieser fühlt oder denkt. Dies hilft dem Coach dabei, die Bedürfnisse und

Reaktionen des Klienten besser zu verstehen und effektive Interventionen durchzuführen.

Ein praktisches Beispiel für Kalibrierung könnte in einem Coachinggespräch auftreten. Wenn ein Coach bemerkt, dass sich die Körperhaltung seines Klienten verändert, sein Atem sich beschleunigt oder seine Stimme sich verändert, wenn er über ein bestimmtes Thema spricht, könnte dies darauf hinweisen, dass dieses Thema für den Klienten stressig oder belastend ist. Mit dieser Information kann der Coach besser auf die Bedürfnisse des Klienten eingehen und passende Unterstützung anbieten.

Um Ihre Fähigkeiten in der Kalibrierung zu verbessern, probieren Sie die folgende Übung aus:

- Wählen Sie eine Person aus, mit der Sie regelmäßig interagieren. Es könnte ein Freund, ein Familienmitglied oder ein Kollege sein.

- Beobachten Sie diese Person in verschiedenen Situationen und Kontexten. Achten Sie auf ihre Körpersprache, Mimik, Atmung und andere nonverbale Signale.

- Machen Sie sich Notizen über die beobachteten Verhaltensweisen und versuchen Sie, Muster oder Konsistenzen zu erkennen. Zum Beispiel, wenn die Person nervös ist, knetet sie vielleicht ihre Hände. Oder wenn sie glücklich ist, könnte sie in einer bestimmten Art und Weise lächeln.

- Nutzen Sie diese Erkenntnisse in Ihren Interaktionen mit dieser Person. Versuchen Sie, auf diese Signale zu achten und sie im Gespräch zu berücksichtigen.

Die Fähigkeit, Kalibrierung im NLP effektiv zu nutzen, kann zu verbesserter Kommunikation, tieferem Verständnis und erfolgreichen Interventionen führen. Durch das Achten auf die nonverbalen Signale anderer können wir ihr Denken und Fühlen besser verstehen und dadurch effektiver mit ihnen interagieren. Darüber hinaus ermöglicht uns die Kalibrierung, uns kontinuierlich auf die Bedürfnisse und Reaktionen unseres Gegenübers einzustellen und so unsere Kommunikation und Interaktion ständig zu verbessern.

Darüber hinaus erlaubt das Kalibrieren in der Coachingpraxis eine bessere Bewertung der Wirksamkeit von Interventionen. Indem Veränderungen im nonverbalen Verhalten des Klienten wahrgenommen werden, kann der Coach feststellen, ob eine Intervention erfolgreich war oder Anpassungen erforderlich sind.

Durch die kontinuierliche Praxis der Kalibrierung können wir nicht nur unsere Kommunikationsfähigkeiten und Beziehungen verbessern, sondern auch unsere Fähigkeit, effektive Interventionen durchzuführen und anderen in ihrer persönlichen

NLP IM ALLTAG – EIN UNVERZICHTBARES WERKZEUG ZUR VERBESSERUNG DER KOMMUNIKATION UND DES VERSTÄNDNISSES

Neurolinguistisches Programmieren ist eine effektive Methode zur Verbesserung der Kommunikation und des Verständnisses. Sie ist weit mehr als nur eine Technik oder ein therapeutischer Ansatz – sie ist eine Art und Weise, wie wir uns selbst und unsere Umgebung wahrnehmen und verstehen können. NLP hat einen erheblichen Einfluss darauf, wie wir mit anderen Menschen interagieren, Probleme lösen, Entscheidungen treffen und unsere Ziele erreichen.

Und es ist ein wirkungsvolles Werkzeug, das in jedem Lebensbereich Anwendung finden kann. Von der persönlichen Entwicklung über die berufliche Laufbahn bis hin zur Verbesserung der Beziehungen – NLP kann in allen diesen Bereichen dazu beitragen, unser Leben reicher und erfüllender zu gestalten. Im Alltag kommt es auf vielfältige Weise zum Einsatz. Es hilft uns, besser mit Stress umzugehen, indem es uns Strategien an die Hand gibt, um unerwünschte Gefühle zu transformieren und einen gesünderen Umgang mit Herausforderungen zu entwickeln. Es ermöglicht uns, unsere Kommunikation zu verbessern, indem wir lernen, wie wir unsere Botschaften klarer und effektiver vermitteln können. Es unterstützt uns dabei, unsere Ziele zu erreichen, indem es uns zeigt, wie wir uns selbst effektiv motivieren und unsere Ressourcen optimal nutzen können. Aber NLP ist nicht nur ein Mittel zur Bewältigung von Herausforderungen und Problemen – es ist auch ein Weg, um mehr Freude, Zufriedenheit und Erfüllung in unser Leben zu bringen. Durch das Verständnis und die Anwendung der Prinzipien und Techniken von NLP können wir ein tieferes Verständnis für uns selbst entwickeln, unsere Beziehungen verbessern und ein Leben führen, das mit unseren tiefsten Werten und Zielen in Einklang steht.

Zugegeben, NLP ist kein Allheilmittel und es gibt Situationen, in denen andere Ansätze möglicherweise besser geeignet sind. Aber die Tatsache, dass NLP in so vielen verschiedenen Lebensbereichen Anwendung finden kann und dass es uns hilft, unsere Fähigkeiten und Ressourcen zu optimieren, macht es zu einem unverzichtbaren Werkzeug in unserem alltäglichen "Werkzeugkasten".

In den folgenden Kapiteln werden wir genauer darauf eingehen, wie Sie NLP in Ihrem Alltag anwenden können, um Ihre Kommunikation zu verbessern, Ihre Ziele zu erreichen und Ihr Leben in vielerlei Hinsicht zu bereichern. Bleiben Sie dran, denn diese Reise ist erst der Anfang!

PERSÖNLICHE ENTWICKLUNG UND SELBSTVERBESSERUNG MIT NLP

Neurolinguistisches Programmieren ist ein mächtiges Instrument, das uns hilft, unser tiefgreifendes Selbstverständnis zu erweitern und uns auf dem Weg der persönlichen Entwicklung und Selbstverbesserung zu unterstützen. Es fordert uns heraus, unsere bisherigen Annahmen über uns selbst zu hinterfragen und uns aktiv in den Prozess der Veränderung und Weiterentwicklung einzubringen. Es ist ein äußerst weit verbreiteter Irrtum, dass unsere Persönlichkeit zu einem bestimmten Punkt in unserem Leben feststeht und sich nicht weiterentwickeln kann. Oft hören wir Sätze wie "Ich bin eben so" oder "In meinem Alter kann ich mich nicht mehr ändern". Solche Vorstellungen beschränken uns auf einen engen Rahmen und hindern uns daran, unser volles Potenzial zu entfalten. Mit NLP können wir uns von diesen selbstauferlegten Beschränkungen befreien und uns auf eine Reise der Selbstverbesserung und persönlichen Entwicklung begeben.

NLP lehrt uns, dass Persönlichkeitsentwicklung ein kontinuierlicher Prozess ist, der ein Leben lang anhält. Während unsere grundlegenden Charakterzüge und Persönlichkeitsmuster größtenteils in der Kindheit geformt werden, sind wir auch im Erwachsenenalter noch fähig und bereit, uns zu ändern und zu wachsen. Einschneidende Lebensereignisse, ob positiv oder negativ, können starke Auswirkungen auf unsere Persönlichkeit haben und uns dazu bringen, uns auf neue und unerwartete Weisen zu entwickeln.

Ein konkretes Beispiel, wie NLP in diesem Bereich eingesetzt werden kann, ist die Arbeit mit Glaubenssätzen. Oft halten uns limitierende Glaubenssätze davon ab, unsere Ziele zu erreichen oder bestimmte Verhaltensweisen zu ändern. Ein typischer limitierender Glaubenssatz könnte lauten: "Ich bin nicht gut genug."

Durch den Einsatz von NLP-Techniken kann dieser Glaubenssatz hinterfragt, umgeformt und letztendlich in einen ermächtigenden Glaubenssatz wie "Ich habe das Recht und die Fähigkeit, erfolgreich zu sein" umgewandelt werden.

Ein weiteres Beispiel ist die Arbeit mit den sogenannten "Meta-Programmen", den unbewussten Filtern, durch die wir unsere Erfahrungen wahrnehmen und interpretieren. Durch das Bewusstmachen und Umprogrammieren dieser Meta-Programme können wir unsere Wahrnehmung und unser Verständnis von uns selbst und der Welt um uns herum tiefgreifend verändern.

Meta-Programme sind kognitive Verarbeitungsmuster, durch die wir Informationen filtern und unsere individuelle Realität erschaffen. Sie sind sozusagen unsere "Betriebssysteme", die darüber bestimmen, wie wir die Welt um uns herum wahrnehmen, interpretieren und darauf reagieren. Sie sind tief in unserer Persönlichkeit verwurzelt und wirken sich auf unsere Einstellungen, Überzeugungen und Verhaltensweisen aus.

Ein bekanntes Beispiel für ein Meta-Programm ist die "Richtung", d.h. ob jemand eher von Zielen, Wünschen und Möglichkeiten "angezogen" wird (Hin-zu-Strategie) oder eher dazu neigt, Problemen, Schwierigkeiten und Risiken "auszuweichen" (Weg-von-Strategie). Jemand mit einer Hin-zu-Strategie könnte motiviert sein, ein Ziel zu erreichen, weil er die damit verbundenen positiven Ergebnisse und Belohnungen anstrebt. Im Gegensatz dazu könnte jemand mit einer Weg-von-Strategie motiviert sein, ein Ziel zu erreichen, um unerwünschte Situationen oder Konsequenzen zu vermeiden.

Ein weiteres Meta-Programm ist das "Sortieren nach Selbst oder Anderen".

Manche Menschen neigen dazu, Entscheidungen und Handlungen in erster Linie auf der Grundlage ihrer eigenen Wünsche, Bedürfnisse und Interessen zu treffen (Selbstorientierung), während andere eher dazu neigen, die Bedürfnisse, Wünsche und Interessen anderer in den Vordergrund zu stellen (Anderenorientierung).

Die Kenntnis und das Verständnis der eigenen Meta-Programme durch NLP können eine große Hilfe sein, um unsere Denkmuster zu verstehen und zu verändern. Wenn wir erkennen, dass wir beispielsweise eine starke "Weg-von"-Strategie haben, können wir bewusst daran arbeiten, mehr "Hin-zu"-Denken in unser Leben zu integrieren. Oder wenn wir merken, dass wir uns zu sehr auf die Bedürfnisse anderer konzentrieren, können wir lernen, auch unsere eigenen Bedürfnisse stärker zu berücksichtigen.

Es ist wichtig zu betonen, dass kein Meta-Programm besser oder schlechter ist als ein anderes. Sie sind einfach verschiedene Arten, die Welt zu erleben und zu interpretieren. Das Ziel ist nicht, bestimmte Meta-Programme zu eliminieren, sondern vielmehr ein Gleichgewicht zu schaffen und Flexibilität in unserem Denken und Handeln zu fördern.

Zudem bietet NLP Techniken zur Verbesserung der Kommunikation, sowohl mit anderen als auch mit uns selbst. Wir lernen, klar und effektiv zu kommunizieren, unsere Bedürfnisse und Wünsche auszudrücken und besser auf die Bedürfnisse und Wünsche anderer zu reagieren.

Wir haben damit eine Vielzahl von Werkzeugen an der Hand, mit denen wir unsere Persönlichkeit bewusst formen und weiterentwickeln können. Es ermöglicht uns, uns aktiv in den Prozess unserer eigenen Entwicklung einzubringen und uns zu der Person zu entwickeln, die wir sein möchten.

Ob wir uns beruflich weiterentwickeln, unsere zwischenmenschlichen Beziehungen verbessern oder einfach ein erfüllteres und zufriedeneres Leben führen wollen – NLP bietet uns die Mittel, um diese Ziele zu erreichen.

NLP IN BEZIEHUNGEN

Eine glückliche und erfüllende Partnerschaft hat einen großen Einfluss auf unser allgemeines Wohlbefinden und unsere Zufriedenheit im Leben. Aber ist uns bewusst, wie viel Zeit und Mühe wir wirklich in die Pflege unserer Beziehungen investieren? Ähnlich wie wir regelmäßig unsere Wäsche waschen oder unseren Körper pflegen, erfordert eine Beziehung kontinuierliche Pflege und Aufmerksamkeit. Bewusste Kommunikation, emotionale Intelligenz und empathisches Verständnis sind zentrale Elemente, um Beziehungen zu verbessern und zu stärken. Diese Fähigkeiten, die oft durch den Ansatz des Neurolinguistischen Programmierens gelehrt werden, basieren auf dem Verständnis, wie Menschen durch Sprache und andere Formen der Kommunikation ihre Realität wahrnehmen und formen.

In jeder Beziehung spielt die Art und Weise, wie wir kommunizieren, eine entscheidende Rolle. Es ist wichtig, unsere Botschaften klar zu formulieren, aktiv zuzuhören und emotionale oder kognitive Barrieren, die die Kommunikation behindern können, zu überwinden. Durch das Stellen gezielter Fragen können wir vage oder mehrdeutige Aussagen klären und die wahre Bedeutung einer Aussage erkennen. Auf diese Weise können Missverständnisse vermieden und eine tiefere Ebene des Verständnisses und der Verbindung erreicht werden.

Das Aufbauen einer starken, empathischen Verbindung mit unserem Partner ist ein weiterer Schlüsselaspekt zur Verbesserung der Beziehungen. Dies kann erreicht werden, indem wir die Körpersprache und die Sprechmuster unseres Partners spiegeln, was zu einem Gefühl der Verbundenheit und des Verständnisses führen kann.

Darüber hinaus kann das Umdeuten von Situationen oder die Betrachtung von Ereignissen aus einer neuen Perspektive dazu beitragen, Konflikte und Missverständnisse zu klären und neue Bedeutungen und Verständnisse zu schaffen.

Die Fähigkeit, unsere eigenen Gefühle zu verstehen und zu regulieren, sowie die Gefühle anderer genau zu erkennen und darauf zu reagieren, ist entscheidend für den Erfolg einer Beziehung. Durch gezielte Strategien können wir unsere emotionale Intelligenz verbessern und gleichzeitig wirksame Methoden zur Stressbewältigung entwickeln. Dies kann besonders in schwierigen oder konfliktreichen Zeiten von Vorteil sein.

Letztlich können wir unsere Beziehungen stärken, indem wir unsere Ziele und Wünsche klar definieren und Strategien zur Erreichung dieser Ziele entwickeln. Hierbei geht es darum, positive Veränderungen herbeizuführen und eine tiefere, erfüllendere Verbindung mit unserem Partner zu schaffen. Aus Sicht des NLP sind fünf wichtige Punkte für eine gute Beziehung diese:

- **Offene und klare Kommunikation:** Verwenden Sie NLP-Techniken wie das Metamodell der Sprache, um präzise und verständliche Kommunikation zu fördern.
- **Empathie und Verständnis:** Durch das Aufbauen von Rapport und das Nutzen von Reframing-Techniken können Sie die Perspektive Ihres Partners besser verstehen.
- **Positive Assoziationen fördern**: Nutzen Sie Ankertechniken, um positive Gefühle in Ihrer Beziehung zu verstärken.

- **Konfliktlösung:** Nutzen Sie Reframing, um Konflikte aus verschiedenen Perspektiven zu betrachten und Lösungen zu finden, die für beide Parteien akzeptabel sind.
- **Zukunftsplanung:** Nutzen Sie Visualisierung und zukunftsorientierte Techniken, um gemeinsame Ziele zu setzen und einen Weg zu ihrer Verwirklichung zu planen.

Bewusste Kommunikation, emotionale Intelligenz und ein empathisches Verständnis sind wertvolle Fähigkeiten zur Verbesserung und Stärkung von Beziehungen. Durch diese Fähigkeiten können wir die Zeit, die wir in die Pflege unserer Beziehungen investieren, effektiv nutzen. Es geht nicht nur darum, wie viel Zeit wir investieren, sondern auch darum, wie wir diese Zeit nutzen.

NLP IN FÜHRUNG UND MANAGEMENT

In einem Unternehmen ist die Wahl der richtigen Mitarbeiter von entscheidender Bedeutung. Hier kann bestimmte Techniken den Führungskräften helfen, diese Auswahlprozesse zu optimieren. Beispielsweise kann das pacen von Sprachmustern und Körpersprache und das Herstellen von Rapport während des Interviews dazu beitragen, eine tiefere Verbindung zum Kandidaten herzustellen und ihn besser zu verstehen.

Nehmen Sie an, Sie führen ein Interview mit einem Kandidaten für eine Verkaufsposition. Durch das Spiegeln seiner Sprechgeschwindigkeit, Tonlage oder Körperhaltung könnten Sie eine stärkere Rapport aufbauen. Dieser Rapport kann es Ihnen erleichtern, tiefgreifende Fragen zu stellen und die Ehrlichkeit und Authentizität der Antworten des Kandidaten besser einzuschätzen.

Effektive Führung erfordert klare, eindeutige Kommunikation und Verständnis. Das Metamodell der Sprache, eine NLP-Technik, kann dabei helfen, vage Aussagen zu klären und genaue Informationen zu erhalten. Nehmen wir an, ein Mitarbeiter sagt: "Ich bin nicht gut in diesen Präsentationen". Anstatt diese Aussage unkommentiert zu lassen, könnten Sie mit dem Metamodell fragen: "Was genau macht dir Schwierigkeiten bei den Präsentationen?" oder "Was genau meinst du mit 'nicht gut'?".

Die Förderung von Talenten in Ihrem Team ist essentiell. Mit NLP können Sie die Stärken und Fähigkeiten Ihrer Mitarbeiter erkennen und fördern. Nehmen wir an, Sie bemerken, dass einer Ihrer Mitarbeiter ein besonderes Talent für kreatives Denken hat. Mit NLP-Techniken wie dem "Ankern" könnten Sie dieses Talent fördern. Sie könnten ein bestimmtes Signal - wie einen bestimmten Ausdruck oder eine Geste - mit dem Zustand der Kreativität verknüpfen.

Immer wenn der Mitarbeiter in diesen kreativen Zustand tritt, verwenden Sie dieses Signal. Im Laufe der Zeit kann der Mitarbeiter lernen, diesen kreativen Zustand auf Abruf hervorzurufen.

Die Leistungsfähigkeit Ihres Teams zu steigern, ist eine der Hauptaufgaben einer Führungskraft. Das Modellieren von erfolgreichen Verhaltensweisen und Denkmustern ist eine NLP-Technik, die hierbei sehr hilfreich sein kann. Nehmen wir an, ein Mitglied Ihres Teams hat eine außerordentliche Fähigkeit, Aufgaben effizient zu erledigen. Sie könnten dieses Mitglied bitten, seine Strategien und Denkmuster zu beschreiben, und diese Informationen dann verwenden, um ein Modell zu erstellen, das Sie mit dem Rest des Teams teilen können.

NLP bietet Führungskräften zahlreiche Werkzeuge und Techniken, um in der Personalauswahl, Mitarbeiterführung, Talentförderung und Leistungssteigerung erfolgreich zu sein. Durch die Nutzung dieser Techniken können Sie Ihr Team effektiver führen und sowohl die individuellen als auch die Teamleistungen verbessern.

Gesundheit und Wohlbefinden sind von zentraler Bedeutung in unserem Leben. Während der Corona-Pandemie wurde uns dies noch klarer. Laut einer Studie der Pronova BKK fühlten sich 30% der deutschen Bevölkerung weniger fit, und 65% spürten zwei Jahre nach der Pandemie Folgen für ihre Fitness und Gesundheit. Wie können wir diese Zahlen ändern und die Kontrolle über unsere Gesundheit zurückgewinnen? Eine mögliche Antwort liegt in der Anwendung von Strategien und Techniken aus der Neuro-Linguistischen Programmierung.

Die EPIC-Studie, eine der größten Gesundheitsstudien weltweit, liefert uns wichtige Einblicke in die Bedeutung von Ernährung und Lebensstil für unsere Gesundheit. Unter anderem zeigt die Studie, dass ein gesunder Lebensstil mit einer höheren Lebenserwartung und einem besseren Wohlbefinden verbunden ist. Und genau hier kann die Neuro-Linguistische Programmierung einen bedeutenden Beitrag leisten.

Unsere Selbstwahrnehmung und unsere Einstellung zu uns selbst spielen eine entscheidende Rolle für unsere Gesundheit. Strategien aus der Neuro-Linguistischen Programmierung können helfen, diese Selbstwahrnehmung zu verbessern. Eine Methode ist das so genannte "Reframing". Es handelt sich hierbei um das Umdenken und Neubewerten von Situationen oder Verhaltensweisen. Zum Beispiel kann jemand, der sich selbst als "faul" sieht, diesen Glauben in "Ich habe das Recht, mich zu entspannen und auszuruhen" umwandeln. Eine solche Änderung der Selbstwahrnehmung kann zu mehr Selbstvertrauen und letztlich zu einem gesünderen Lebensstil führen.

Gesunde Gewohnheiten sind der Schlüssel zu einem langfristigen Wohlbefinden. Die Neuro-Linguistische Programmierung bietet eine Vielzahl von Techniken, um diese Gewohnheiten zu etablieren. Eine Methode ist die Verwendung von "Ankern". Dies sind Reize, die mit bestimmten Gefühlen oder Zuständen verbunden sind. Zum Beispiel könnten Sie einen bestimmten Song mit dem Gefühl verbinden, fit und energiegeladen zu sein. Immer wenn Sie diesen Song hören, werden Sie dann an dieses Gefühl erinnert und motiviert, sich zu bewegen.

Die Visualisierung ist eine weitere effektive Methode aus der Neuro-Linguistischen Programmierung, um Gesundheit und Wohlbefinden zu fördern. Sie können beispielsweise visualisieren, wie Sie gesunde Lebensmittel essen oder regelmäßig Sport treiben. Durch die regelmäßige Visualisierung dieser Szenarien können Sie Ihre Motivation und Ihr Engagement für einen gesunden Lebensstil stärken.

Insgesamt können Strategien und Techniken aus der Neuro-Linguistischen Programmierung einen wichtigen Beitrag zur Verbesserung unserer Gesundheit und unseres Wohlbefindens leisten. Durch die Verbesserung unserer Selbstwahrnehmung, das Etablieren gesunder Gewohnheiten und die Nutzung der Kraft der Visualisierung können wir einen gesünderen und erfüllteren Lebensstil führen.

Die Change History Übung, auch bekannt als "Vergangenheitsänderung", ist eine Technik im Neuro-Linguistischen Programmieren, die darauf abzielt, die Wahrnehmung und Bedeutung belastender Ereignisse aus der Vergangenheit zu verändern. Der Hauptgedanke dabei ist, dass es zwar nicht möglich ist, die Vergangenheit selbst zu ändern, aber sehr wohl, wie wir sie wahrnehmen und interpretieren. Diese Veränderung der Wahrnehmung kann dazu beitragen, belastende Emotionen oder negative Glaubenssätze, die unsere gegenwärtige Lebensqualität und unser Selbstbewusstsein beeinträchtigen, zu vermindern oder zu entfernen.

Die Übung beginnt mit der Identifizierung eines bestimmten Ereignisses in der Vergangenheit, das als belastend oder problematisch empfunden wird. Der Übende reist dann mental zu einem Zeitpunkt kurz vor diesem Ereignis. Mit Hilfe von aktuellen Ressourcen und Fähigkeiten wird dieses Ereignis dann neu erlebt und bewertet. Der Gedanke dahinter ist, dass durch die Anwendung der heute verfügbaren Ressourcen und Fähigkeiten die negativen Auswirkungen des Ereignisses abgemildert oder sogar beseitigt werden können. Das Ziel ist es, ein Gefühl von Erleichterung und Freiheit in Bezug auf das vergangene Ereignis zu schaffen und so das Selbstbewusstsein zu stärken.

Schritt 1: Identifizieren Sie ein belastendes Ereignis aus der Vergangenheit

Zuerst müssen Sie ein bestimmtes Ereignis in Ihrer Vergangenheit identifizieren, dass Ihr Selbstbewusstsein negativ beeinflusst hat.

Zum Beispiel könnte es eine Situation sein, in der Sie das Gefühl hatten, versagt zu haben oder in der Sie sich unsicher oder ängstlich gefühlt haben. In unserem Beispiel nehmen wir an, dass das belastende Ereignis eine Präsentation vor einer großen Gruppe von Menschen war, bei der Sie sehr nervös waren und denken, dass Sie sich blamiert haben.

Schritt 2: Erschaffen Sie eine sichere Basis

Stellen Sie sich einen sicheren und beruhigenden Ort vor. Dies könnte ein realer Ort sein, an dem Sie sich schon einmal sicher und geborgen gefühlt haben, oder ein imaginärer Ort. Atmen Sie tief ein und aus und versetzen Sie sich in diesen sicheren Ort, um ein Gefühl von Sicherheit und Ruhe zu erzeugen.

Schritt 3: "Reisen" Sie zu einem Moment kurz vor dem belastenden Ereignis

Sobald Sie sich in diesem sicheren Zustand befinden, stellen Sie sich vor, wie Sie zu dem Moment kurz vor dem belastenden Ereignis "reisen". In unserem Beispiel wäre das der Moment, kurz bevor Sie mit der Präsentation beginnen.

Schritt 4: Bringen Sie Ressourcen in den Moment

Stellen Sie sich nun vor, wie Sie Ressourcen und Fähigkeiten, die Sie heute haben, in diesen Moment mitnehmen. Dies könnte beispielsweise das Wissen um Techniken zur Stressbewältigung sein oder die Erfahrung, die Sie seitdem gesammelt haben. In unserem Beispiel könnten Sie sich vorstellen, wie Sie ruhig und selbstbewusst sind, genau wissen, was Sie sagen wollen, und auf positive Reaktionen des Publikums vertrauen.

Jetzt ist es an der Zeit, das Ereignis erneut zu erleben, diesmal jedoch mit Ihren neuen Ressourcen und Fähigkeiten. In unserem Beispiel würden Sie die Präsentation mit Ihrem neuen Selbstvertrauen und Ihrer neuen Gelassenheit neu erleben.

Nachdem Sie das Ereignis mit Ihren neuen Ressourcen neu erlebt haben, ist es wichtig, das Ergebnis zu überprüfen. Fühlen Sie sich anders über das Ereignis? Hat sich Ihr Selbstbewusstsein verbessert? Wenn ja, gratulieren Sie sich selbst zu diesem Fortschritt. Wenn nicht, wiederholen Sie die Übung mit unterschiedlichen Ressourcen oder einem anderen Ereignis.

Die Change History Übung kann eine kraftvolle Methode sein, um unser Selbstbewusstsein zu stärken und negative Erinnerungen zu überwinden. Erinnern Sie sich jedoch daran, dass Veränderung Zeit braucht und es wichtig ist, geduldig mit sich selbst zu sein. Die Change History Übung kann sehr mächtig sein und bei richtiger Anwendung viele Vorteile bieten. Es gibt jedoch auch einige potenzielle Nachteile und Risiken, auf die geachtet werden sollte, insbesondere wenn es um sehr belastende oder traumatische Ereignisse geht.

Erstens sollte beachtet werden, dass die Change History Übung **nicht** als Ersatz für eine professionelle therapeutische Behandlung gedacht ist. Sie ist ein Werkzeug, das zur Selbstentwicklung und Verbesserung des Wohlbefindens beitragen kann, sollte aber nicht zur Bewältigung schwerer psychischer Erkrankungen oder Traumata ohne professionelle Anleitung verwendet werden.

Zweitens, bei der Arbeit mit besonders belastenden oder traumatischen Ereignissen besteht die Gefahr einer Retraumatisierung, wenn die Übung nicht sorgfältig und behutsam durchgeführt wird. Dies kann passieren, wenn eine Person versucht, sich an ein tief traumatisches Ereignis zu erinnern und dieses neu zu erleben, ohne die notwendige Unterstützung und die geeigneten Bewältigungsmechanismen zu haben.

Drittens kann es auch zu unerwünschten Nebenwirkungen kommen, wenn die Vergangenheit zu stark "umgeschrieben" wird. Während es hilfreich ist, die negativen Auswirkungen eines belastenden Ereignisses abzuschwächen, ist es auch wichtig, die Realität dessen, was passiert ist, anzuerkennen. Eine zu starke oder unrealistische Veränderung der Vergangenheit könnte eine Person davon abhalten, aus ihren Erfahrungen zu lernen und sich mit der Realität ihrer Vergangenheit auseinanderzusetzen.

ZIELSETZUNG IM NLP

Im Kontext des Neurolinguistischen Programmierens (NLP) ist die Zielsetzung ein zentraler Aspekt. Ziele geben uns eine Richtung vor und einen Rahmen, innerhalb dessen wir unsere Entscheidungen treffen können. NLP bietet Werkzeuge, die helfen, Ziele zu formulieren, die sowohl herausfordernd als auch erreichbar sind. Ein wesentliches Element der Zielsetzung im NLP ist die Formulierung von Zielen in positiven Begriffen. Es geht darum, zu definieren, was man erreichen will, und nicht, was man vermeiden möchte. Ein weiterer wichtiger Aspekt ist die Präzision. Ziele sollten so genau wie möglich definiert werden, da dies hilft, den Fortschritt zu messen und motivierend wirkt. Ein alltägliches Beispiel: Sie haben das Ziel, mehr Sport zu treiben. Anstatt sich vorzunehmen, "weniger faul zu sein", könnte das Ziel laut NLP lauten: "Ich möchte dreimal pro Woche joggen gehen". Dieses Ziel ist positiv formuliert und konkret, was es einfacher macht, konkrete Schritte zur Erreichung zu planen.

Unklare oder nicht greifbare Ziele führen oft dazu, dass diese Ziele unerreichbar bleiben und Unzufriedenheit hervorrufen. Um dies zu vermeiden, bietet das NLP konkrete Methoden zur sorgfältigen und effektiven Zielsetzung an. Ein Hauptmerkmal der einer wirksamen Zielsetzung ist die positive Formulierung. Dabei wird ausdrücklich festgelegt, was erreicht werden soll, anstatt zu beschreiben, was vermieden werden soll. Ein Beispiel dafür könnte lauten: "Ich möchte ein monatliches Einkommen von 15.000 € erreichen", anstelle von "Ich möchte nicht mehr arm sein".
Zudem sollten Ziele unabhängig erreichbar sein, was bedeutet, dass der Fortschritt hauptsächlich von eigenen Handlungen und Eingriffen abhängig ist.

Beispielsweise: "Ich werde meinem Partner jeden Tag ein Kompliment machen", statt "Ich möchte, dass mein Partner mich mehr liebt".

Darüber hinaus sollte jedes Ziel überprüfbar sein durch sinnliche Wahrnehmung (Visuelles, Auditives, Kinästhetisches, Olfaktorisches und Gustatorisches Wahrnehmungssystem - VAKOG). Dies bedeutet, dass Sie Ihr Ziel so detailliert wie möglich beschreiben können, unter Berücksichtigung dessen, was Sie sehen, hören und fühlen, wenn das Ziel erreicht ist.

Es ist auch wichtig, dass die Ziele im Kontext ökologisch sind, d.h. dass sie in allen Lebensbereichen Sinn machen und langfristig nachhaltig sind. Gleichzeitig sollten Ziele ohne "Modaloperatoren" formuliert sein, Wörter wie "müsste", "könnte", "sollte" oder "will", die die Handlung eines anderen Verbs modifizieren. Dies führt zu klaren, aktionsorientierten Zielen.

Das Formulieren eines klaren, konkreten Ziels ist nur der erste Schritt. Sobald Sie Ihr Ziel festgelegt haben, gibt es verschiedene Strategien, die Ihnen helfen können, diese Ziele zu erreichen.

Denken Sie täglich an Ihr zukünftiges Leben, wie es sein wird, wenn Sie Ihr Ziel erreicht haben. Erleben Sie es, als ob Sie bereits dort wären, um Ihre Motivation zu steigern. Sie könnten auch Visualisierungstechniken verwenden, wie das Erstellen einer Collage oder eines "Vision Boards" mit Bildern, die Ihr Ziel repräsentieren.

Regelmäßige Überprüfungen und Anpassungen sind ebenfalls wichtig. Fragen Sie sich, was Sie bisher für Ihr Ziel getan haben und was Sie im nächsten Zeitabschnitt tun werden. Durch dieses "Review" gewinnen Sie Klarheit und Fokussierung.

Das NLP bietet viele Techniken und Strategien, um Ihre Ziele zu erreichen. Das Wichtigste ist, am Ball zu bleiben und jeden Tag, auch wenn es nur wenige Minuten sind, etwas für Ihre Ziele zu tun. Mit dieser Klarheit, Fokussierung und Beständigkeit können Sie mehr erreichen, als Sie vielleicht denken.

ENTSCHEIDUNGSFINDUNG IM NLP

Die Entscheidungsfindung ist ein weiterer wesentlicher Bereich im NLP. Entscheidungen zu treffen bedeutet, eine Wahl zwischen verschiedenen Optionen zu treffen. NLP bietet Techniken, um diesen Prozess zu unterstützen und zu optimieren.

Ein Schlüsselkonzept im NLP ist die Idee des "Modellierens". Hierbei handelt es sich um das Lernen und Anwenden von Strategien, die sich bei anderen Menschen als effektiv erwiesen haben. Diese Technik kann auch auf die Entscheidungsfindung angewendet werden. Wenn man beispielsweise weiß, dass eine bestimmte Person besonders gut darin ist, Entscheidungen zu treffen, kann man versuchen, ihre Denkprozesse und Strategien zu modellieren.

Ein Beispiel aus dem Alltag ist die Entscheidung, ein neues Auto zu kaufen. Sie könnten eine Person in Ihrem Umfeld kennen, die sich sehr gut mit Autos auskennt und stets gute Kaufentscheidungen trifft. Anstatt einfach auf ihr Urteil zu vertrauen, könnten Sie versuchen, ihren Entscheidungsprozess zu modellieren: Welche Fragen stellt sie? Welche Informationen zieht sie in Betracht? Wie wägt sie die verschiedenen Optionen gegeneinander ab?

Mit den Werkzeugen der Zielsetzung und Entscheidungsfindung des NLP können Sie Ihre Fähigkeit, effektive und zielführende Entscheidungen zu treffen, erheblich verbessern. Es ist jedoch wichtig zu beachten, dass diese Werkzeuge am besten funktionieren, wenn sie als Teil eines umfassenderen Prozesses der persönlichen Entwicklung und des Selbstbewusstseins betrachtet werden.

Entscheidungen treffen wir tagtäglich, doch einige davon tragen eine größere Bedeutung und haben weitreichende Konsequenzen.

Reframing, das wir auch als Neurahmung oder Umdeutung bezeichnen könnten, ermöglicht uns, die Betrachtungsweise einer Situation, einer Entscheidung oder eines Problems zu verändern. Durch die Veränderung des Kontextes oder der Deutungsrahmen, in denen wir eine Situation wahrnehmen, eröffnen wir uns neue Möglichkeiten, Interpretationen und Lösungswege.

Stellen Sie sich vor, Sie stehen vor der Wahl, ob Sie eine Beförderung annehmen, die mit einem Umzug in eine andere Stadt verbunden ist. Sie sind hin- und hergerissen zwischen der beruflichen Chance und der Frage, wie diese Veränderung Ihr privates Leben und Ihr soziales Umfeld beeinflussen würde. Hier kann das Reframing eine klare Struktur und Orientierung bieten. Beginnen Sie mit der Untersuchung der Vorteile und Herausforderungen, die der Umzug in eine neue Stadt mit sich bringen würde, sowohl in beruflicher als auch in privater Hinsicht. Betrachten Sie die Situation aus verschiedenen Blickwinkeln und reflektieren Sie, wie die Veränderung verschiedene Aspekte Ihres Lebens beeinflussen könnte. Diese Art von Reframing ermöglicht eine tiefere Klärung Ihrer Werte und Prioritäten und kann Ihnen helfen, neue Lösungen oder Kompromisse zu entdecken.

Ein weiterer Aspekt des Reframings ist die Berücksichtigung der langfristigen Konsequenzen Ihrer Entscheidung. Wie könnte der Umzug Ihre zukünftige Karriere, Ihre finanzielle Situation, Ihre sozialen Beziehungen und Ihr allgemeines Wohlbefinden beeinflussen? Durch die Betrachtung dieser langfristigen Auswirkungen können Sie eine fundierte und nachhaltige Entscheidung treffen. Das Reframing ist nicht nur für Entscheidungen nützlich, sondern kann auch in Konflikten und Verhandlungen effektiv eingesetzt werden. Indem Sie die Perspektive wechseln und den Kontext neu definieren, können Sie

Missverständnisse aufklären, die Kommunikation verbessern und Win-Win-Lösungen erarbeiten.

Zusammenfassend lässt sich sagen, dass das Reframing eine flexible und mächtige Technik im NLP ist, die Ihnen helfen kann, informierte und erfolgreiche Entscheidungen zu treffen. Durch die Veränderung Ihrer Perspektive und das Betrachten Ihrer Situation aus verschiedenen Winkeln können Sie neue Möglichkeiten entdecken und den optimalen Weg für Ihre persönlichen und beruflichen Ziele identifizieren.

NLP UND ACHTSAMKEIT

Im hektischen Treiben des Alltags versinken wir oft in einem Meer aus Sorgen und Ängsten, die unsere Gedanken und Emotionen dominieren. Unser Geist ist unablässig damit beschäftigt, vergangene Erfahrungen zu analysieren oder zukünftige Szenarien zu entwerfen. Infolgedessen entgeht uns die unmittelbare Gegenwart, der einzige Moment, in dem wir tatsächlich leben. Hier kommt das Konzept der Achtsamkeit ins Spiel, eine Praxis, die dazu ermutigt, voll und ganz im gegenwärtigen Moment präsent zu sein. Aber wo genau findet sich die Schnittstelle zwischen Achtsamkeit und dem Neurolinguistischen Programmieren?

Das Neurolinguistische Programmieren bietet eine Fülle von Techniken und Konzepten, die darauf abzielen, unsere Denk- und Verhaltensmuster zu verbessern. Es geht darum, unser Bewusstsein zu erweitern, unsere Kommunikation zu optimieren und unsere Ziele effektiv zu erreichen. In vielen Aspekten ist NLP eng mit der Praxis der Achtsamkeit verbunden. Betrachten wir zum Beispiel einen gewöhnlichen Arbeitstag. Ihre Aufmerksamkeit könnte in tausend verschiedene Richtungen gezogen werden: die unaufhörlichen E-Mails, die Meetings, die Projektfristen, um nur einige zu nennen. Gleichzeitig könnte Ihre innere Stimme ständig Ihre Arbeit, Ihre Kollegen oder gar Ihr eigenes Selbstwertgefühl kritisieren. In solchen Momenten ist es leicht, sich in einem Strudel aus Stress und Selbstzweifeln zu verlieren.

Hier könnte die Praxis der Achtsamkeit einen Unterschied machen. Durch die Konzentration auf den gegenwärtigen Moment, auf das, was gerade passiert, können wir unseren Geist beruhigen und unsere innere Stimme zum Schweigen bringen. Wir können beginnen, die Welt um uns herum und unseren Platz darin klarer zu sehen.

Wir können einen Schritt zurücktreten und unsere Situation aus einer distanzierteren, weniger emotional aufgeladenen Perspektive betrachten. Dies ist der erste Schritt zur Selbstregulierung und zur Verbesserung unserer Reaktionsfähigkeit auf Stress und Herausforderungen. In ähnlicher Weise bietet das NLP Techniken wie das Ankern, Reframing und das Visualisieren von Zielen, die alle die Notwendigkeit einer erhöhten Achtsamkeit betonen. Durch das Ankern lernen wir, unsere Aufmerksamkeit auf bestimmte körperliche Empfindungen oder mentale Bilder zu richten, um gewünschte Zustände hervorzurufen. Durch das Reframing lernen wir, unsere Gedanken und Überzeugungen bewusst zu untersuchen und sie in einen nützlicheren oder positiveren Kontext zu stellen. Durch das Visualisieren von Zielen lernen wir, unsere Zukunft bewusst und aufmerksam zu gestalten, indem wir klare und lebendige mentale Bilder dessen schaffen, was wir erreichen wollen. Insgesamt ist die Praxis der Achtsamkeit ein zentraler Bestandteil des Neurolinguistischen Programmierens. Durch das Training unserer Aufmerksamkeit und das bewusste Beobachten unserer Gedanken, Gefühle und Reaktionen können wir unsere Denk- und Verhaltensmuster besser verstehen und steuern. Achtsamkeit ermöglicht es uns, aus dem Autopiloten auszusteigen und bewusste Entscheidungen zu treffen, die zu persönlichem Wachstum, Erfüllung und Glück führen.

Daher sollten wir uns die Zeit nehmen, den Klang der Vögel zu hören, das Rauschen der Blätter im Wind zu spüren oder den Duft des Kaffees am Morgen zu genießen. Solche kleinen Momente der Achtsamkeit können unser Leben bereichern, uns mit neuer Energie aufladen und uns dabei helfen, die Welt mit frischen, aufmerksamen Augen zu betrachten. So kann das Zusammenspiel von NLP und Achtsamkeit nicht nur zu mehr Klarheit und Ruhe in unserem Geist führen, sondern auch zu einem tieferen Verständnis und einer größeren Wertschätzung für das Wunder des Lebens.

NLP UND SYSTEMISCHES DENKEN

Wer kennt es nicht? Man schmiedet einen gut durchdachten Plan, nur um festzustellen, dass die Realität anders tickt und sich den vorgezeichneten Pfaden entzieht. In solchen Momenten kann das systemische Denken uns dazu verhelfen, die Komplexität zu meistern und lösungsorientiert zu handeln. Diese Denkweise, zusammen mit der Methode des NLP, ermöglicht es uns, den großen Ganzen zu erkennen, vernetzt zu denken und mit Blick auf die Zukunft zu handeln.

Die systemische Denkweise erlaubt es uns, über den Tellerrand der linearen und analytischen Denkmodelle hinauszuschauen und eine holistische Perspektive einzunehmen. Anstatt sich auf isolierte Realitätsfragmente zu konzentrieren, legt systemisches Denken den Fokus auf die komplexen Verbindungen und wechselseitigen Einflüsse innerhalb eines Systems. Die Eigenverantwortung, Selbstorganisation und Selbstführung rücken dabei in den Vordergrund, denn effektive Hilfe bedeutet letztendlich, sich selbst zu helfen. Anstelle der problemorientierten Suche nach Ursachen, betont systemisches Denken das Finden von Lösungen und Ressourcen. Anstatt "Warum?" zu fragen, stellt es das "Wozu?" in den Mittelpunkt. Kommunikation, insbesondere das gezielte Stellen von Fragen, ist ein entscheidender Mechanismus, um die Selbstführung zu fördern. Schließlich entstehen sowohl Probleme als auch Lösungen durch unsere Interpretationen der Realität.

Im Kontext der systemischen Denkweise steht auch die Ökologie im Mittelpunkt. Lösungen sind dann ökologisch, wenn sie für alle Beteiligten zu einer Win-Win-Situation führen. In anderen Worten, eine gute Lösung muss sich nicht nur im System und seinen Subsystemen bewähren, sondern auch in der Systemumwelt.

Die Anwendung systemischen Denkens fördert den bewussten Umgang mit Sprache, unterstützt die Selbstführung und liefert die Instrumente für eine erfolgreiche Selbstorganisation in Gruppen und Teams. Gerade für Führungskräfte und Personen in Leitungspositionen ist dieses Wissen von großem Nutzen.

In enger Verbindung zum systemischen Denken stehen NLP-basiertes systemisches Coaching und Mediation. Beide Methoden setzen Eigenverantwortung, Selbstführung, Flexibilität und das Win-Win-Prinzip konsequent in den Mittelpunkt. Sie bieten praktische Methoden und kommunikative Ansätze, um systemisches Denken in den Alltag zu integrieren. In einer Zeit, die durch schnelle Veränderungen, wachsende Komplexität und zunehmende Vernetzung geprägt ist, stellt das systemische Denken einen Schlüssel zur Navigation in unserer Welt dar.

NLP UND DIE POSITIVE PSYCHOLOGIE

Die positive Psychologie und das NLP sind zwei dynamische Ansätze in der Welt der Psychologie und der persönlichen Entwicklung, die beide das Ziel haben, das individuelle Wohlbefinden zu steigern und zu einem erfüllteren Leben beizutragen. Im Folgenden werden wir untersuchen, was die positive Psychologie ist, ihre historischen Wurzeln und ihre Bedeutung, und dann die Verbindung zwischen ihr und NLP aufzeigen.

Die positive Psychologie ist ein relativ junger Zweig der Psychologie, der erst Ende der 1990er Jahre seinen Anfang nahm, als der Psychologe Martin Seligman während seiner Amtszeit als Präsident der American Psychological Association die Notwendigkeit betonte, den Fokus der Psychologie zu erweitern. Bis dahin hatte die Psychologie im Wesentlichen versucht, psychische Krankheiten zu heilen und negative Aspekte des menschlichen Verhaltens zu korrigieren. Seligman argumentierte jedoch, dass die Psychologie auch dazu beitragen sollte, das Leben der Menschen zu bereichern und ihr volles Potenzial freizusetzen. Die positive Psychologie konzentriert sich auf das Studium von Stärken, Tugenden und Faktoren, die zu einem erfüllten und zufriedenen Leben beitragen. Sie erforscht Konzepte wie Glück, Zufriedenheit, Optimismus, Hoffnung, Dankbarkeit, Mitgefühl, Liebe und Selbstverwirklichung. Die positive Psychologie hat im Laufe der Jahre eine Fülle von Forschungsergebnissen hervorgebracht, die darauf hinweisen, dass die bewusste Pflege dieser positiven Aspekte und Eigenschaften zu einem erhöhten Wohlbefinden, einer besseren physischen Gesundheit, stärkeren sozialen Beziehungen und sogar einer längeren Lebensdauer führen kann.

Nun zur Verbindung zwischen der positiven Psychologie und NLP. Die Neurolinguistische Programmierung, die in den 1970er Jahren von Richard Bandler und John Grinder entwickelt wurde, ist eine Methode zur Verbesserung der persönlichen Entwicklung und Kommunikation. Sie untersucht, wie Menschen ihre Realität konstruieren und wie sie durch Veränderung ihrer Denkmuster und Verhaltensweisen positive Veränderungen in ihrem Leben herbeiführen können.

Die positive Psychologie und NLP haben viele Gemeinsamkeiten. Beide betonen die Bedeutung von Positivität, Optimismus und der Pflege von Stärken und Ressourcen. Beide sind auf das Wachstum und die Verbesserung des Individuums ausgerichtet und nicht nur auf die Linderung von Leiden oder die Korrektur von Defiziten.
Ein weiterer wichtiger gemeinsamer Punkt ist der Schwerpunkt auf der Lösungsorientierung. Sowohl die positive Psychologie als auch NLP sind darauf ausgerichtet, Lösungen für Probleme zu finden und positive Ergebnisse zu erzielen, anstatt sich auf das Problem selbst zu konzentrieren. Sie befürworten die Vorstellung, dass das Denken in Möglichkeiten und das Setzen von positiven Zielen die Basis für positive Veränderungen und Wachstum ist.

Ein Beispiel, wie NLP und positive Psychologie Hand in Hand gehen, kann in der Praxis der "Umschreibung" gefunden werden, die in NLP häufig verwendet wird. Die Umschreibung ist ein Prozess, bei dem negative oder beschränkende Glaubenssätze durch positive und ermächtigende ersetzt werden. Dieses Konzept ist eng mit der positiven Psychologie verbunden, die ebenfalls die Wichtigkeit von positiven Überzeugungen und Einstellungen betont.
Insgesamt lässt sich sagen, dass sowohl die positive Psychologie als auch NLP leistungsfähige Werkzeuge und Methoden zur Verfügung

stellen, die Menschen dabei helfen können, ein reicheres, erfüllteres und zufriedeneres Leben zu führen.

Indem sie Hand in Hand arbeiten, können sie unsere Fähigkeit, unser volles Potenzial zu entfalten, weiter stärken und uns dabei unterstützen, ein erfülltes und bedeutungsvolles Leben zu führen.

NLP: KONTROVERSEN, KRITIK UND POTENZIAL

In der Tat existieren im Kontext des Neurolinguistischen Programmierens (NLP) viele Kontroversen und Kritikpunkte. Auch hiermit sollten wir uns beschäftigen und diese nicht unter den Tisch fallen lassen.

Kritikpunkt 1: Mangel an wissenschaftlicher Fundierung und Evidenz - Einige Kritiker betonen, dass es an soliden, wissenschaftlich fundierten Studien mangelt, die die Wirksamkeit von NLP belegen.

Obwohl es zutrifft, dass die Forschung zu NLP nicht so umfangreich ist wie in anderen Bereichen der Psychologie, hat es dennoch viele positive Fallstudien und Erfolgsgeschichten gegeben, die die Anwendung von NLP-Techniken unterstreichen. NLP ist stark praxisorientiert und die vielen positiven Rückmeldungen von Klienten und Praktikern legen nahe, dass es in vielen Fällen wirksam sein kann.

Kritikpunkt: Die Aussage, dass NLP zu Manipulation verwendet werden kann - Kritiker merken an, dass die Techniken von NLP potenziell für Manipulation und unethisches Verhalten eingesetzt werden könnten.

In der Tat können NLP-Techniken für manipulative Zwecke missbraucht werden, wie das bei vielen mächtigen Werkzeugen der Fall ist. Es liegt in der Verantwortung des Anwenders, diese Werkzeuge ethisch zu nutzen. Die meisten NLP-Praktiker betonen die Wichtigkeit von Respekt und ethischer Praxis und die Mehrheit der NLP-Institute bieten Ausbildungen an, die Ethik und verantwortungsvolles Handeln stark betonen.

Kritikpunkt: NLP ist pseudowissenschaftlich - Kritiker behaupten, dass NLP keine echte Wissenschaft ist, da es Konzepte und Techniken aus verschiedenen Bereichen mischt und dabei keine klare theoretische Grundlage hat.

Während NLP tatsächlich verschiedene Konzepte und Techniken aus verschiedenen Bereichen zusammenbringt, liegt gerade hierin seine Stärke. NLP ist in seiner Natur interdisziplinär und zielt darauf ab, praktikable Lösungen und Techniken zur Verbesserung der menschlichen Kommunikation und Selbstentwicklung zu bieten. Die Wirksamkeit von NLP wird durch die praktische Anwendung bestimmt, nicht durch eine strikt eingegrenzte Theorie.

Kritikpunkt: Die Kommerzialisierung von NLP* - Einige Kritiker sehen in NLP hauptsächlich ein kommerzielles Produkt, das hauptsächlich zum Geldverdienen eingesetzt wird, ohne dass sichergestellt ist, dass es tatsächlich hilft.

Wie in jeder Branche gibt es auch im Bereich der Persönlichkeitsentwicklung und Selbstverbesserung Kommerzialisierung. Es ist jedoch wichtig zu beachten, dass viele NLP-Praktiker ihre Arbeit mit großer Hingabe und dem Wunsch, Menschen zu helfen, ausüben. Es ist wichtig, den Anbieter oder das Institut sorgfältig zu prüfen und sich für jene zu entscheiden, die Qualität und Integrität nachweisen können.

NLP hat seine Wurzeln in den Therapiemethoden und Techniken verschiedener psychologischer Schulen. Es kombiniert die besten Interventionstechniken und verwendet diese, um den Menschen dabei zu helfen, ihr eigenes Verhalten besser zu steuern, zu optimieren und das Verhalten anderer zu verstehen.

Die Auswirkungen sind in vielen Fällen messbar und spürbar, was auf die Nützlichkeit und Wirksamkeit des Ansatzes hinweist.

Ein weiterer Kritikpunkt ist die potenzielle Verwendung von NLP zur Manipulation. Dies erscheint vielen Menschen besonders verwerflich da Manipulation ein stark negativ konnotierter Begriff ist und oft mit hinterlistigem oder unehrlichem Verhalten in Verbindung gebracht wird. In Wirklichkeit beinhaltet jedoch jede Form der Kommunikation eine Art von Beeinflussung oder "Manipulation", ob es nun darum geht, jemandem eine Idee zu "verkaufen", jemanden zu überzeugen oder jemanden zu einer Handlung zu bewegen. Wenn man auf Partnersuche ist möchte ich den anderen davon von der Idee des gemeinsamen Lebens überzeugen, wenn ich auf Jobsuche bin wil ich den potenziellen Arbeitgeber „verkaufen", dass ich der Beste für den vakanten Job bin. Wenn ich einer Diskussion über Politik und Weltgeschehen bin verkaufe ich in gewisser Weise meine Ansichten dazu.

Die grundlegende Intention von NLP ist es, das menschliche Verhalten besser zu verstehen und positive Veränderungen zu bewirken. Ja, es kann zur Manipulation eingesetzt werden, aber das liegt in der Verantwortung des Einzelnen, nicht des Werkzeugs. Ein Hammer kann sowohl zum Bau eines Hauses als auch zum Zerstörung dienen. Es ist wichtig zu erkennen, dass NLP ein Instrument ist - und wie jedes Instrument kann es sowohl konstruktiv als auch destruktiv genutzt werden.

Die Kontroversen und Kritikpunkte rund um NLP werfen sicherlich berechtigte Fragen auf und es ist wichtig, diese sorgfältig und transparent zu adressieren. NLP ist, wie jedes mächtige Werkzeug, abhängig von der Art und Weise, wie es angewendet wird.

Die Bereitstellung solcher Instrumente erfordert sowohl Verantwortung als auch ethische Überlegungen von den Praktikern. Ebenso sollten diejenigen, die NLP erlernen oder sich einer NLP-basierten Intervention unterziehen, sich ihrer Wahl bewusst sein und sicherstellen, dass sie mit Respekt und Integrität behandelt werden.

Letztendlich lässt sich sagen, dass NLP trotz seiner Kritik und Kontroversen ein wirksames und wertvolles Instrument sein kann, wenn es verantwortungsvoll und ethisch angewendet wird. Sein Hauptziel besteht darin, den Menschen dabei zu helfen, ihre Kommunikation zu verbessern, ihre Ziele effektiver zu erreichen und ein besseres Verständnis für sich selbst und andere zu entwickeln. Wie bei jeder Technik oder Methode, ist es wichtig, einen kritischen und informierten Ansatz zu wählen, der sowohl die Stärken als auch die Grenzen des Modells berücksichtigt. Die Debatte über NLP wird sicherlich weitergehen, doch es bleibt unbestritten, dass es in vielen Kontexten – sowohl im beruflichen als auch im persönlichen Bereich – einen signifikanten Mehrwert bietet.

SCHLUSSWORT

Herzlichen Dank für Ihre Reise durch die faszinierende Welt des Neurolinguistischen Programmierens (NLP). Sie haben soeben einen wertvollen Einblick in die Grundlagen, Strategien und Tools erhalten, die dieses transformative Konzept zu bieten hat. Während Sie die Seiten dieses Buches erkundet haben, hoffe ich, dass Sie von der beeindruckenden Kraft und dem Potenzial von NLP begeistert wurden.

NLP ist mehr als nur ein Ansatz zur Persönlichkeitsentwicklung. Es ist eine lebensverändernde Methode, die Ihnen ermöglicht, Ihr Denken zu transformieren, Ihre Kommunikation zu verbessern und positive Veränderungen in verschiedenen Lebensbereichen herbeizuführen. Die Techniken und Strategien des NLP können Ihnen dabei helfen, Ihre Ziele zu erreichen, Hindernisse zu überwinden und Ihr volles Potenzial zu entfalten.

Während Sie die verschiedenen Konzepte und Anwendungen von NLP erkundet haben, sind Sie möglicherweise zu der Erkenntnis gelangt, dass die Gründer von NLP nichts völlig Neues erfunden haben. Stattdessen haben sie bewährte Strategien und Werkzeuge aus verschiedenen psychologischen Fachbereichen zusammengetragen und in einem umfangreichen Werkzeugkasten vereint. NLP ermöglicht es Ihnen, auf diese vielfältigen Werkzeuge zuzugreifen und sie für Ihre persönliche Entwicklung und Ihr Wachstum einzusetzen.

Das Schöne an NLP ist, dass es Ihnen ermöglicht, diese Werkzeuge in Ihren Alltag zu integrieren.

Mit der Zeit werden sie zu einem natürlichen Bestandteil Ihrer Denkweise und Ihrer Handlungen. Sie werden feststellen, dass Sie Ihre Kommunikation verbessern, Ihre Beziehungen stärken und effektive Strategien zur Problemlösung einsetzen können, ohne bewusst darüber nachzudenken. NLP wird zu einer kraftvollen Ressource, die Ihnen dabei hilft, Ihr Leben auf eine Weise zu gestalten, die Ihren Wünschen und Zielen entspricht.

Ich möchte Sie ermutigen, die gewonnenen Erkenntnisse und Techniken des NLP in Ihrem Leben anzuwenden. Nutzen Sie die Kraft der Sprache, des Denkens und der Kommunikation, um Ihre Träume zu verwirklichen und Ihr volles Potenzial zu entfalten. Setzen Sie die Werkzeuge des NLP ein, um Ihre persönlichen und beruflichen Ziele zu erreichen, Ihre Beziehungen zu verbessern und ein erfülltes Leben zu führen.

Abschließend möchte ich Ihnen für Ihre Zeit, Ihr Engagement und Ihre Offenheit danken. Sie haben den ersten Schritt unternommen, um Ihr Bewusstsein zu erweitern und neue Wege des Denkens und Handelns zu erkunden. Möge Ihre Reise mit NLP fortgesetzt werden, um eine inspirierende und erfolgreiche Lebensreise zu gestalten.

Ich wünsche Ihnen alles Gute auf Ihrem Weg zu persönlichem Wachstum, Erfolg und Erfüllung. Mögen die Strategien und Tools des NLP Ihnen helfen, Ihre Ziele zu erreichen und ein erfülltes Leben nach Ihren Vorstellungen zu führen.

Vielen Dank, Ihr

Michael Harms

LITERATUREMPFEHLUNGEN

NLP Literaturempfehlungen

- Oberbichler, T. (Jahr). NLP für Anfänger: Wie Sie Ihr Unterbewusstsein neu programmieren und Ziele erreichen. Verlagsort: Verlag.
- O'Connor, J., & McDermott, I. (Jahr). Einführung in das Neuro-Linguistische Programmieren (NLP). Verlagsort: Verlag.
- Meinhold, W. (Jahr). NLP: Eine Einführung. Verlagsort: Verlag.
- Grinder, M. (Jahr). Die Macht der Sprache: NLP-Techniken für eine bessere Kommunikation. Verlagsort: Verlag.
- Kaufmann, S. (Jahr). NLP im Beruf: Überzeugen, kommunizieren, führen. Verlagsort: Verlag.
- Trenkle, P., & Lenz, B. (Jahr). NLP-Praxisbuch: Die besten Methoden für den Alltag. Verlagsort: Verlag.
- Stahl, T. (Jahr). Kommunikationstraining: NLP-Praxiswissen. Verlagsort: Verlag.
- Tepperwein, K. (Jahr). Neurolinguistisches Programmieren: Gelungene Kommunikation und persönliche Entfaltung. Verlagsort: Verlag.
- Stadelmann, A. (Jahr). Erfolgreich lernen mit NLP: So gestalten Sie Ihren Lernprozess effektiv und motiviert. Verlagsort: Verlag.
- T., Dotz, T., & Sanders, S. (Jahr). NLP: The Essential Guide to Neuro-Linguistic Programming. Verlagsort: Verlag.
- NLP Comprehensive, Andreas, S., & Faulkner, C. (Jahr). NLP: The New Technology of Achievement. Verlagsort: Verlag.

- Bandler, R., & Grinder, J. (Jahr). Frogs into Princes: Neuro Linguistic Programming. Verlagsort: Verlag.
- O'Connor, J. (Jahr). NLP Workbook: A Practical Guide to Achieving the Results You Want. Verlagsort: Verlag.
- Bandler, R. (Jahr). NLP: The Essential Guide. Verlagsort: Verlag. O'Connor, J., & Seymour, J. (Jahr). Introducing NLP: Psychological Skills for Understanding and Influencing People. Verlagsort: Verlag.
- Bandler, R., & Grinder, J. (Jahr). Patterns of the Hypnotic Techniques of Milton H. Erickson, M.D. Verlagsort: Verlag.Knight, S. (Jahr). NLP at Work: The Essence of Excellence. Verlagsort: Verlag.
- Bandler, R., & Grinder, J. (Jahr). The Structure of Magic: A Book About Language and Therapy. Verlagsort: Verlag.

Zum Thema Lügen erkennen:

- Ekman, P. (Jahr). Gefühle lesen: Wie Sie Emotionen erkennen und richtig interpretieren. Verlagsort: Verlag.
- Schaumburg, H., & Laux, L. (Jahr). Lügen erkennen: Körpersprache und Mikroexpressionen verstehen und anwenden. Verlagsort: Verlag.
- Reinhard, M. (Jahr). Lügner entlarven: Wie Sie Lügen erkennen und Menschen durchschauen. Verlagsort: Verlag.
- Stampfer, H., & Stampfer, M. (Jahr). Körpersprache und Mimik lesen: Emotionen erkennen und verstehen. Verlagsort: Verlag.
- Ekman, P. (Jahr). Telling Lies: Clues to Deceit in the Marketplace, Politics, and Marriage. Verlagsort: Verlag.
- Meyer, E. (Jahr). Liespotting: Proven Techniques to Detect Deception. Verlagsort: Verlag.

- Navarro, J., & Karlins, M. (Jahr). What Every Body Is Saying: An Ex-FBI Agent's Guide to Speed-Reading People. Verlagsort: Verlag.
- Hartwig, M. (Jahr). The Art of Reading Minds: How to Understand and Influence Others Without Them Noticing. Verlagsort: Verlag.

WISSENSCHAFTLICHE ARTIKEL ÜBER NLP

1.   Bandler, R., & Grinder, J. (1975). The Structure of Magic I: A Book About Language and Therapy. Science & Behavior Books.

2.   Dilts, R., Grinder, J., Bandler, R., & DeLozier, J. (1980). Neuro-Linguistic Programming: Volume I - The Study of the Structure of Subjective Experience. Meta Publications.

3.   Tosey, P., & Mathison, J. (2003). Neuro-linguistic Programming and learning theory: a response. The Curriculum Journal, 14(3), 371-388.

4.   Stipancic, M., Renner, W., Schütz, P., & Dond, R. (2010). Effects of Neuro-Linguistic Psychotherapy on psychological difficulties and perceived quality of life. Counselling and Psychotherapy Research, 10(1), 39-49.

5.   Einspruch, E.L., & Forman, B.D. (1985). Observations concerning research literature on Neuro-Linguistic Programming. Journal of Counseling Psychology, 32(4), 589-596.

6.   Gray, R. M., & Liotta, R. F. (2012). Neuro-linguistic programming and the nature of hypnosis. American Journal of Clinical Hypnosis, 54(4), 275-290.

7. Heap, M. (1988). Neurolinguistic programming--an interim verdict. In M. Heap (Ed.), Hypnosis: current clinical, experimental and forensic practices (pp. 268-280). Croom Helm

8. Bandler, R., & Grinder, J. (1979). Neurolinguistisches Programmieren: Struktur der Magie I. Junfermann.

9. Einspruch, E. L., & Forman, B. D. (1988). Neurolinguistisches Programmieren in der Psychotherapie. Psychologie Heute, 15(2), 46-53.

10. Schütz, P., & Renner, W. (2011). Wirkungen von Neuro-Linguistischer Psychotherapie (NLPt) auf die psychische Befindlichkeit von Patienten - eine Studie mit der ICD-10-Symptom-Rating (ISR)-Skala. Zeitschrift für Psychiatrie, Psychologie und Psychotherapie, 59(1), 59-67.

11. Rathegeber, O. (2003). Neurolinguistisches Programmieren (NLP): Psychologie für den Alltag?. Klett-Cotta.

12. Stahl, S. (2011). Der Weg zum Ziel: NLP-Techniken im Einsatz. Springer-Verlag.

13. Schlötterer, C. (2012). Die Magie der Sprache: Lesestrategien im Alltag. Carl Auer Verlag.

14. Dilts, R., & Epstein, T. (1995). Von der Vision zur Aktion: Grundlagen erfolgreicher Veränderungsprozesse. Junfermann.

www.ingramcontent.com/pod-product-compliance
Lightning Source LLC
Chambersburg PA
CBHW050727260726
48661CB00001B/109